幕末維新と国事殉難戦没者

――江戸・水戸・上信越・京都などの事例から――

今井昭彦

会津藩殉難者墓地（京都会津墓地）［金戒光明寺］

御茶の水書房

今は亡き森岡清美先生の御霊に捧ぐ

はしがき

今年一月九日、恩師の森岡清美先生（大正一二年生まれ、東京教育大学名誉教授・成城大学名誉教授・大乗淑徳学園学術顧問）は、九八歳にて、東京清瀬市のご自宅でご逝去された。とくに苦しまれることもなく、ご老衰であった。さかのぼれば、大腿骨を骨折されたことが、遠因としてあったのであろう。ご法名（浄土真宗）は「普照院釈清信」であった。

この「一月九日」は、私の父昭二（昭和二年生まれ）が、平成二年に六二歳で病没した祥月命日であり、「三十三回忌」の法要に当たった。したがって、仏縁として誠に奇遇であった。森岡先生は戦前の師範学校（三重師範・東京高師）を、亡父は戦後の師範学校（群馬師範）の卒業であったから、こうした因縁によって繋がっていたのかもしれない。異界にて先生は、酒好きであった亡父と、楽しく飲み交わされているように思えてならない。

私は導きの糸により、三浪の末に昭和五二年四月、成城大学文芸学部文芸学科（文化史学科）に入学した。成城学園の創始者である、文部官僚の沢柳政太郎（松本藩士子息）は、群馬県とも有縁であり、明治期に群馬県尋常中学校長として赴任していた。沢柳は後に、東京高師校長・文部次官・初代東北帝大総長などを歴任する。

大学入学後、私は民俗学を専攻しようかと思っていた。成城は「柳田民俗学」とも縁が深く、民俗学研究所も有していたからである。しかし、三年時からの学科のゼミに関する説明会に出席して、「森岡・宗教社会学ゼミ」（第二期生）を選択することに決めた。森岡先生が、東京教育大学から成城大学に移られて、間もなくのことであった。

先生は、

東京教育大において開設された社会学教室は、有賀喜左衛門・岡田謙・中野卓・森岡清美・間宏の六教官を擁して、日本社会学会の有力な一角を構成したが、道半ばにして不本意な終焉を迎えた。

と記し、

東京教大廃学による失業の危機において、二桁に上る大学から暖かいお誘いをいただいたが、癌のため死期が迫った堀一郎氏との宿縁を思い、成城大学に就職することを決断した。おおらかな教員集団のなかで幸せな一六年を送ることとなる。

と回顧されている〔森岡　2016b〕。また、次のようにもある〔森岡　1993〕。

（前略）東京教育大学で社会学教室の教官として同僚に伍した三〇年近い間は、社会学者であろうとする自己規制が働いたが、現職の成城大学で文化史学科に身を置いてからはこの自制の綱もぷっつりと切れて、したいことをしたいようにやらせていただいている。歴史の扱いもかつては社会構造をとらえることに主眼があったが、今は変化そのものに興味があり、しかも変化の過程で絡まりあう人間群像に心惹かれる昨今である。

以来、私は先生から学問の手ほどきをしていただくことになる。当時、先生は五〇代中頃であったが、「もう死んでもいい」といわれていた。すでに為すべきことはやり遂げたという、満足感に充たされていたのであろう。しかし、「筑波移転問題」で揺れ続けた「嵐のような」教育大時代とは異なった、「幸せな一六年」の成城時代が、さらに続くことになる。先生はゼミのコンパでも、いつもにこやかに楽しまれていた。

私が成城大学大学院（修士課程）の入試に合格した、昭和五五年の秋、同門の一年先輩である、磯岡哲也氏と知遇を得ることになる。磯岡氏はキリスト教や立正佼成会などの、当時最先端の「新宗教」研究に着手されていた。

一方、私の方は、先祖祭祀・戦没者慰霊に関連するテーマに取り組むことになった。院一年目の昭和五六年の秋・冬に、会津若松市（会津戊辰戦役）と鹿児島市（西南戦役）の二地点について、「内戦被討伐将兵の慰霊実態」の調査が実施され、先生の助手として参加した。その費用は、庭野平和財団からの助成金に依ったが、先生の記録には次のようにある〔森岡　2016b〕。

一〇月一～五日　　成城大学の社会調査実習をかねて会津若松市で国事殉難者の慰霊実態調査。あわせて松平家墓所・土津神社などを訪う。今井昭彦氏同行。

一二月六～九日　　鹿児島市で国事殉難者の慰霊実態調査。照国神社・鶴嶺神社・島津家墓所・南洲神社・護国神社・キリシタン墓地などを訪う。家族および今井昭彦氏同行。会津と鹿児島の調査報告（著作　1982.11）は今井氏の研究の出発点となる。

この調査報告は翌年、『成城文藝』一〇二号（1982）に掲載された。先生との連名による、「国事殉難戦没者、とくに反政府軍戦死者の慰霊実態（調査報告）」が、それであった。同調査報告は、大部分が先生の執筆によるものであり、私が書いた原稿は、先生により、大幅に朱が入れられたことを、今でも鮮明に記憶している。しかし、研究者を志した当時の未熟な私にとって、以後の研究課題に関して、様々な指針を提示してくれる、初めての「重要な成果」となったのである。

日頃、先生は戦争について、殆ど言及されることはなかったが、自らの世代を「決死の世代」と命名した先生は、根本的に戦争・戦没者に拘っていたのであろう。私の記憶のなかでは、研究室で「B・C級戦犯」に関して語られ、その書籍を私に渡されたことがあった。例えば、三重師範時代の戦死した学友に関して、次のように述べていた〔森岡　1993〕。

人は死ぬ、死ねば早晩忘れられる。それが人の世の常、それでよいではないかと言えるのは、天寿を全うした人の場合である。二十そこその若さで戦死した学友のことは、我々が生きて世に在るかぎり、忘れてはならぬし、忘れさせてはならぬ。それが、我々に代わって死んだ、彼らにたいする、生き残った者の責務ではないかと思うのである。

ところで、私の修士論文は、群馬県内での「忠魂碑」や「忠霊塔」などの、靖国祭祀に関連する、戦没者慰霊施設の実地調査をもとに執筆した。そして、これを書き改めて『常民文化』一〇号に掲載したものが、「群馬県下における戦没者慰霊施設の展開」（1987）であった。私にとって、活字になった最初の単独論文である。

修論執筆により、私自身の研究課題はより具体化し、研究の扉を少し開けることができた。しかし、実家の事情等もあり、私はさらに進学するかどうか、いろいろと思い悩んでいた。そして結局、修士課程修了後、郷里の群馬に帰ることにしたのである。

先生と磯岡氏は、私の決断に大変残念がられていたが、これも縁あって、隣県埼玉の公立高校教員として勤務することになった。以来、生計のゆとりも得られ、「田舎教師」の生活を送りながら、牛歩ではあったものの、幸い研究活動を継続することができた。

先生は、「論文は体力で書くものであり」、「若い頃は、一つの論文を何度も書き直してきた」といわれ、さらに「論文は年に一本、本（単著）は一〇年に一冊で良い」と、よくいわれた。私はこの教えを肝に銘じてきたつもりであるが、この遺言に対しては、何とか報いることができたように思う。

とりわけ、私の学位取得（2005）と、最初の単著『近代日本と戦死者祭祀』発刊（2005）に関しては、先生に大変喜んでいただいた。これについては歴博（国立歴史民俗博物館）にて、民俗学の新谷尚紀氏にご厄介になった。一方で、私の行く末を案じていた亡父に、拙著を直接手渡すことができなかったことは、誠に残念であった。ただし、発刊から二〇年近くを経て、同書を今読み返してみれば、加筆・修正しなければならない部分が多々あることに気づき、思わず一人赤面してしまうこともある。

私にとって、本書は七冊目の「レクイエム」（死者のためのミサ曲・鎮魂曲）である。相変わらずの内容であるが、とりわけ森岡先生に捧げる「レクイエム」である。そして、私の原点ともいえる既述の調査報告に、もう一度立ち返る、あるいは初心に帰る、という意図により執筆したものである。当時私が初めて耳にした、「国事殉難戦没者」についての再考察であった。

今年三月の水戸調査には、富田洋二氏（元埼玉県立熊谷女子高校教諭）に同行していただいた。富田氏には、パソコン操作に関して、日常的にサポートしていただいている。また、天狗党に関しては、埼玉県の歴史に詳しい、内田満氏（元埼玉県立熊谷高校教諭）からも、現地案内と資料のご提供をいただいた。

日頃、成城学園同窓会事務局からは、ご高配をいただいている。また拙著に関しては、伊藤智永氏（毎日新聞社）、中川大介氏（元北海道新聞社）、群馬県ご出身の斎藤信子氏（吉川弘文館）からも、いろいろとご心配いただいた。

とりわけ地元においては、群馬大学情報学部、同大学大学教育センター、同大学教務課教養教育係、群馬県地域文化研究協議会（丑木幸男氏・福田博美氏）、群馬歴史民俗研究会（永島政彦氏・前澤哲也氏）、桐生文化史談会（巻島隆氏）、玉村町歴史資料館（小柴可信氏・中島直樹氏）、大泉町教育委員会生涯学習課、太田金山同窓会（新井英司氏・神谷大輔氏）、太田南中第二〇回卒同窓会、上毛新聞社東毛総局（時田菜月氏）等に、お世話になっている。

また、私の恩師である、上岡幸定氏（元群馬県太田市立南中学校長）や、大熊哲雄氏（元群馬県立太田高校教諭）からも、ご厚誼を頂戴している。とくに上岡氏は、ネット（親爺の冷や水釣行）にて、拙著の宣伝をしていただいている。また、貴重な戦争関係資料を寄贈していただいた。

今回の出版も、森岡先生と宿縁の、御茶の水書房にお世話になった。このところの、大学生や専門外の方々にも読んでいただけるように、少し「売れる本」をめざして、「注なき文体」にしてからは四冊目となる。とくに同書房の小堺章夫氏には、いつものようにご厄介をおかけした。お礼を申し上げたい。なお、掲載写真は全て筆者による撮影である。
新型コロナ流行から三年目、厳しい猛暑のなかで、先月七月下旬には「第七波」とされる感染の山場を迎えた。二ヵ月後の一〇月三〇日には、「森岡清美先生を偲ぶ会」（代表は柿崎京一氏）が、都内・学士会館で予定されている。先生が勤務された東京教育大学・成城大学・淑徳大学の関係者による発起であるが、同会の開催が、コロナ禍によって阻まれることがないよう、祈念するばかりである。

二〇二二年八月二三日

会津少年「白虎隊の日」（飯盛山での自刃日）に

（明日は「露軍のウクライナ軍事侵攻」から六ヵ月目の日）

今井　昭彦

幕末維新と国事殉難戦没者

——江戸・水戸・上信越・京都などの事例から——

目　次

幕末維新と国事殉難戦没者

——江戸・水戸・上信越・京都などの事例から——

一　はじめに

日本の**江戸時代**は「戦のない平和な時代」とされたが、その末期、つまり幕末維新期の「**戊辰戦役**」は、日本人同士が戦った内戦であった。そしてこの戦いは、「近代日本の幕開け」となった。なかでも「戊辰戦役の天王山」とされた、慶応四（一八六八）年八月からの「**会津戊辰戦役**」（**会津鶴ヶ城攻防戦**）は、現在の福島県会津盆地に攻め入った「**薩長土肥**」らの**西軍**（**新政府軍**）と、これを迎え撃った**旧幕府・東北諸藩**らの**東軍**（**反政府軍**）とが、激突した戦いであった。

西軍は新たに一〇代の**明治天皇**（睦仁《むつひと》、父は孝明天皇）を戴き、自らを「**官軍**」と称した。つまり、「官軍」は「**天皇の軍隊**」であった。これに対して、幕末維新期の**奥州会津藩**（家門、実高約七〇万石、城址は福島県会津若松市）は、旧幕府軍の代表として、西軍から一方的に「戊辰戦役朝敵賊軍の巨魁」と目され、「**朝敵・賊軍**」の代名詞となった。

城下の会津盆地は西軍の猛攻にさらされ、会津藩は少年・婦女子・老人の**非戦闘員**に至るまで、総力を振り絞り戦った。そして、日本の近代史に名を残す凄惨な戦場と化して、同地は鮮血で色濃く染まることになる。戦国時代ならともかく、「平和な時代」にあって、非戦闘員までもが多大な犠牲となった。

さらに戦役後、新政府によって会津藩士らは**「会津降人」**と蔑視され、**陸奥の斗南《となみ》地方**（青森県下北半島方面）に**「挙藩流罪」**となったのである。まさに「日本版のシベリア流刑」であった。そして、「会津藩はなかった」とされ、会津藩士は**「秩禄処分」**の対象とはならなかった。これは時あたかも、国や時代は異なるが、筆者に「露軍のウクライナ軍事侵攻」を彷彿させるのである。

また、東軍戦没者は賊軍のレッテルを貼られたが故に、西軍戦没者のみを祀った**東京招魂社**（明治二年六月創建）、つまり後の**靖国神社**（明治一二年六月改称、別格官幣社、遺骨なし）の祭神から排

会津鶴ヶ城址

会津長命寺の東軍「戦死墓」
（会津若松市日新町）

除されることになった。西軍幹部であった、長州藩士の**大村益次郎**（暗殺される）らにより創建された東京招魂社は、**「皇居」**の**「神門」**（西北）に位置し、あくまでも「官軍」のための慰霊顕彰施設であった。大村は**「日本陸軍の父」**と称されている。なお、明治五年までは旧暦である。

ところで『広辞苑　第六版』（2008）よれば、**「殉難」**とは、「国家・社会・宗教などの危難のた

奥州「母成峠の戦い」（慶応４年８月）での「東軍殉難者埋葬地」
（福島県・安達太良山・母成峠）

靖国神社

大村益次郎銅像
（靖国神社）

めに身を犠牲にすること」とある。したがって、既述の戊辰戦役を含めた、幕末維新期の戦没者は、**「国事殉難戦没者」**ということができ、東京招魂社の祭神もまた同様であった。さらに広義には、**「近代日本の戦没者」**は全て、この範疇に含まれるものといえよう。彼らは**「天皇教」**の殉難者であった。

「国事殉難者」に関して、森岡清美は次のように述べている〔森岡・今井 1982〕。

> 国事殉難者は、つぎの二点で**特別な祭祀の対象**となる可能性がある。第一に、**非命に斃れた**ことである。いかに戦死が男子の本懐だといわれたとしても、家族にみとられて安らかに死を迎えた人に比べるなら、戦いという意外の事変で死んだことには変りはない。変死でないまで

も、一種の横死に違いない。**横死者《おうし》の霊**は、手厚い鎮魂の祭祀を行わないと、祟りをもたらすと信じられたことは、周知のとおりである。第二に、国事殉難者は**青壮年男子**である。なかに少年というべき人々もあり、女子も老人もいたが、主体は青壮年男子にある。青年は前途春秋に富む。したがって、為したいこと、為すべきことに思いを残して死んだはずである。壮年は（中略）扶養者として（中略）あとに残される家族の身の上に尽きない憂慮の思いをもって死んだはずである。（中略）以上の二重の意味で、国事殉難者という死のタイプは、特別の祭祀と結合する可能性を有している。（傍点筆者、以下同じ）

このように、国事殉難者は「**非業の死者**」「**横死者**」であり、その魂は「**和魂《にきたま》**」ではなく「**荒魂《あらたま》**」「**御霊《ごりょう》**」であったから、実際に「**靖国祭祀**」のように、特別な祭祀の対象となっていった。

会津戊辰戦役から約一三〇年を経過した、平成八年一一月二四日付の『朝日新聞』には、次のような周知の、興味深い記事が掲載された（朝日新聞 1996b）。

長州藩の城下町、**山口県萩市**の野村興児市長が二十三日、**福島県会津若松市**を訪れ、山内日出夫市長と懇談。相争った戊辰戦争から百二十七年たって初めて、両者トップの顔合わせが実現した。過去にも何度も和解話が持ち上がったが、会津側が拒否。今回は会津側の市民劇団の招きで、萩側は「私人」「非公式」を強調しての訪問。だが、一致したのは「**今すぐの和解は**

復元された会津藩校「日新館」

困難」という一点だけ。「基本的にわだかまりはない」という萩市長に対し、「一つの争いは深い傷跡を残す。**会津と長州**だけではなく、**日本とアジア**も同じだ」と会津若松市長。最後まで**握手**することはなかった。

さらに、この記事から二〇余年後の、平成三〇年一〇月二五日付の『朝日新聞』（夕刊）には、「戊辰の敗者をたどって3」という記事が出ている（朝日新聞 2018）。

> （前略）会津藩の藩校を復元した**日新館**で、宗像精館長（85）の講話を聞く。（中略）中学校の校長や市の教育長をつとめた人だ。「会津は**朝敵**ではない、**賊軍**ではないと、国に認めてもらいたい。それが望みです」
> 長州とはいまだに「**和解**」していないと言われるが。「そろそろどうか、その手には乗らない。黙って、静かに、仲良くしていく。でも仲直りはできない。歴史は消すべきではない」

仲良くするが、仲直りはしない。同じことを、青森でも福島でも、藩士の子孫たちから聞い

た。会津人を自認する人たちに共通の思いなのか。（中略）

会津藩や斗南藩について長年執筆している福島県在住の作家・星亮一（83）が昨年、記者にこんな提案を語ったことがある。「一方的に会津に賊軍のイメージを植え付けた明治政府は間違っていたと、今の政府が認めたらいい。それも長州の首相がいる間に」

そうすれば歴史に名を残せるだろう。「**安倍さん**なら出来るはず」と付け加えた。

また、**会津松平家**十三代当主である松平保定（八三歳）は、平成二一年当時、磐梯山と猪苗代湖に臨むマンションに暮らしていた。近くには藩祖の墓（土津神社）もある。平成二一年九月一五日付の『朝日新聞』（夕刊）によれば、その保定は、

定年退職後、人柄を見込まれ、**「靖国神社の宮司に」**と打診があった。辞退したが、「どうしても」と要請された。靖国神社は、戊辰戦争での新政府軍側の戦没者を慰霊したのが、その始まりである。

三カ月、悩んだ。他の神社ならともかく、最終的に断った。「**薩長**がまつられ、賊軍とされた**会津の戦死者**がまつられていないのに、**会津人**としてお受けするわけにはまいりません」

と述べたという（朝日新聞 2009）。つまり、**「ならぬことは、ならぬ」**のであり、現在でも、会津は「戊

土津神社

辰の残照」のなかにあるのであろう。

このように、今なお現在でも会津人にとって、とくに長州は「不倶戴天の仇」となっているのである。また、「この間の戦い」といった場合、会津人にとっては**「アジア太平洋戦争」**ではなく、戊辰戦役を指す場合があるという。

既述のように、東京九段の靖国神社の起源は、明治二年六月創建の東京招魂社であったが、近代に入り新たな神社が多数創建されていく。いわゆる**「創建神社」**の出現であり、靖国神社はその典型であった。また同社は、人を**「カミ」**として祀った、近代の**「人神《ひとがみ》信仰」**の典型でもあった。

奥州会津藩の藩祖は、**徳川家康**の孫にあたる、**保科正之**（父は二代将軍秀忠、三代将軍家光の異母弟）であった。正之は、四代将軍**家綱**の後見（将軍補佐）を務めたが、明暦三（一六五七）年一月、江戸城天守閣が焼失した**「明暦の大火」（振袖火事）**を体験した。焼死者一〇万名といわれる同火災の事後処理・幕政に、正之は貢献したとされている。

寛文一二（一六七二）年一二月、正之（六二歳）は江戸三田藩邸で病没する。そして「土津霊神」（土津大明神）と称され、「カミ」として、会津磐梯山麓の**土津《はにつ》神社**（延宝三年八月創建、猪苗代町）に祀られた。文字通り「神葬祭」により、遺体は同地に**「土葬」**されている。同社は「東北の日光」「奥日光廟」といわれ、**家康**を土葬し祭神（東照大権現）とする、**日光東照宮**に倣ったものである。以来、歴代会津藩主は同社に祀られることになる（二代藩主のみ仏葬）。なお、同藩は三代正容の時に松平姓に改称した。

金戒光明寺

既述の会津戊辰戦役の遠因は、幕末の九代会津藩主**松平容保《かたもり》**が、藩祖正之の残した**「家訓《かきん》十五カ条」**（寛文八（一六六八）年制定）に従い、藩老ら重臣の反対を押し切って、文久二（一八六二）年閏八月、新設の**京都守護職**に就任したことにあるとされている。同職は、**尊王攘夷（尊攘）運動**の高揚等を背景として設置された。**生麦《なまむぎ》事件**の翌月のことである。

皇女**和宮**の兄で、明治天皇の父となる当時の**孝明天皇**（父は仁孝天皇）は、容保および会津藩を深く信頼していたという。藩士一〇〇〇名を率いて、容保が本陣としたのは、**法然《ほうねん》**（浄土宗の開祖）を開基とする、京都黒谷の**金戒《こんかい》光明寺**（浄土宗黒谷派大本山、通称「黒谷本山」「新黒谷」、左京区黒谷町）であった。当時の尊攘派は、好んで天皇を**「玉《ぎょく》」**と呼んでいた。

京都守護職には、従来の**京都所司代**や近国大名を指揮する権限が与えられ、広く畿内全域の治安維持にあたる重職であった。これを容保実弟の桑名藩主**松平定敬《さだあき》**（譜代一一万石）が、京都所司代（役知一万石、朝廷・西国大名の統轄）として、補佐することになった。時に容保三〇歳、正四位下に昇叙し役料五万石が与えられ、別に上京費用として三万両が貸与された（後に五万石増封）。

こうして容保は兄弟で、幕府勢力の先鋒・矢面に置かれ、時局と対峙することになった。周知の**新選組**も、同守護職の配下に置かれたのである。しかし、やがて**「大政奉還」**により容保は「朝敵」となり、将軍**慶喜**に次いで「罪第二等」と位置づけられた。

既述の会津家訓は、会津藩老友松氏興の願いによって正之が起草した。これに、正之の朱子学の師であり、「神儒一致」「神人合一」を説く**「垂加神道」**の創始者たる、**山崎闇斎**（京都生まれ）が手を加えたものである。闇斎は、もとは京都妙心寺（臨済宗妙心寺派大本山）の僧侶であったが、その一派は**「崎門学派」**と呼ばれ、門弟の数は実に六〇〇〇名といわれた。既述の「土津霊神」の名称も、世界は土と金から生じるという、闇斎の「土金《どきん》の伝」説に依っているものであろう。

また闇斎は、とくに強烈な天皇崇拝者であったという。闇斎は天皇を絶対化し、この信仰に立って、大義名分と封建道徳を説いた。したがって、この流れから尊王家が輩出し、垂加神道は尊王論にも大きな影響を与えた。中世までの神道は、**「神仏習合神道」説**が主流であったが、近世からは、儒教との習合を主軸とする、**「神儒習合神道」説**が中心になっていくという。

会津家訓の第一条には、「大君の義一心大切に忠勤を存すべく」とあり、まず**徳川宗家**（**将軍**）への**忠義**を重視している。あるいは、「もし二心を懐かば則ち我子孫にあらず」「主を重んじ法を畏るべし」ともある。このように、宗家への絶対的忠誠は終始一貫していたのであった。

ここにいう**「大君」**とは、将軍家を指すが、将軍は朝廷より委任されているので、究極的には、朝廷に忠勤を励むことを意味すると解された。会津藩では毎年正月一一日・八月一日・一二月一八日の三度、城中で家臣一同が、この家訓を拝聴するならわしであったという。つまり会津藩は、本質的に「尊王」の立場にあったのである。

このように「家訓」の思想は、会津藩の封建的支配の精神的支柱となった。そして神道が最も早く藩学で教授され、かつ藩学として神道を教科目中に採り入れた随一の藩校たる、**会津藩校「日新館」**（文化二〔一八〇五〕年落成）の教育にも、大きく反映されたのである。同校は外観・内容や名実ともに「全国藩校の範」とされ、一〇歳以上の藩士の子弟約一〇〇〇名を収容したという。こうして「神道・儒学は会津教学・会津魂の基礎」とされ、会津藩において神道は独自に、**「会津神道」**と称される発展を遂げていった、といわれている。

既述のように、会津城下に怒濤のように押し寄せた西軍を、会津藩（東軍）は挙藩一致の体制で迎え撃ち、壮年の藩士は勿論のこと、少年や老人・婦女子に至るまで、捨て身の肉弾戦を展開した。当初から、会津にとって「勝ち目のない戦」であったところに、その悲劇性があり、昭和期の**「沖縄戦」**を想起させた。

とりわけ、**「会津少年白虎隊士の悲劇」**や**「会津藩老西郷頼母一族二十一人の自刃」「娘子《じょうし》軍の奮戦」**などは、今でも語り伝えられているところである。とくに藩士の子息たる白虎隊士は、既述の日新館で教育を受けたのである。また、これに先立つ、**奥州二本松藩**（外様一〇万石余、城址は福島県二本松市）での、**「二本松少年隊の悲劇」**も忘れられない。そこには「入れ年」により、僅か一二〜一三歳の息子（藩士子息）を戦場に送り出さなければならない、**「母の姿」**があった。

このように、近代初頭に日本人同士が相戦った戊辰戦役において、とくに「朝敵・賊軍」とされ

「白虎隊士自刃之地」
（会津若松市・飯盛山）

西郷一族「二十一人之墓」
（会津若松市・善龍寺）

た東軍戦没者の遺体は、どのように扱われ、埋葬されたのか。あるいは、これに至る過程のなかで、国事殉難戦没者はどのように位置づけられたのか。

本稿では、ひとまず幕末維新期の初期の段階における事例、つまり戊辰の**「鳥羽伏見の戦い」**までにおいて、検討してみたい。そして、人々がなお拘り続けている**「幕末の内戦」**とは何であったのか、再び考えてみる契機としたい。

娘子軍「赤誠　中野竹子女史石造」
（会津若松市神指町）

二本松少年隊と母の銅像
（二本松霧ヶ城址）

二　「楠公」崇拝と尊攘思想

かつて吉野に**「南朝」**をおこした**後醍醐天皇**（大覚寺統、吉野で没）に、最も忠誠を尽くしたとされた人物（武将）が、**楠木正成**（河内生まれ）であった。正成は**足利軍**と戦い、**摂津湊川**（**神戸市**）で**戦死**する。その息絶える際に、自分は何度も生まれ変わり天皇の恩に報いるという、**「七生報国《しちしょうほうこく》」**を誓ったという。以来、正成は次第に伝説化・美談化されていった。

下って江戸時代になると、正成の死は、天皇に命を捧げた**「忠臣の美談」**として語られるようになった。高野信治によれば、近世前期の儒者・兵学者で、会津出身の**山鹿素行**（父は白河浪人）が、道義・道徳面で正成を認識し、「忠臣」「義士」さらには「勤王の士」と見定めたことは、江戸後期の「楠公崇拝思想の先駆け」とされるという。

さらに、**「御三家」**の一つ、**水戸藩**（三五万石、城址は水戸市）の二代藩主**徳川光圀**（**義公**）は、「南朝」を正統とする大義名分論に立脚する、『**大日本史**』の編纂事業をおこした。以来この事業は、二五〇年以上の歳月をかけて、ようやく明治三八年に完成している。

光圀の父である、初代水戸藩主の**徳川頼房**（**威公**）は、家康の息子で、光圀は既述の会津藩祖の保科正之と同様に、家康の孫であった。水戸・会津両藩は共に**「葵の紋」**を掲げ、江戸城を取り囲む治安体制の周縁部として、その役割は重要であった。とくに水戸藩は、参勤交代をしない「定府大名」で、藩主は江戸藩邸から藩政を取り仕切った。

光圀は正成の戦没地に、自ら筆をとって、その墓碑である**「嗚呼《ああ》忠臣楠子《なんし》之墓」**碑（高さ約三メートル）を建立（元禄五〔一六九二〕年）している。これは光圀が、正成を**「忠臣」**として改めて高く評価した証であり、その**「忠魂」（英霊）**を広く世に顕彰しようとする意図があった。正成は後に**「楠公」**と尊称されるようになる。

そして、江戸後期の国学系の神道たる**「復古神道」**は、文字通り、儒仏渡来以前の、古代の純粋な民族的神道への復古を、唱えるものであった。その基礎を築いたのが、**「平田国学」**の創始者たる、**平田篤胤《あつたね》**（父は秋田藩士、備中松山藩士養子）であった。その思想は、**「草莽《そうもう》の国学」**として発展すると共に、他方で、幕末維新期の尊王攘夷（尊攘）運動を支える、有力なイデオロギーの一つとなり、**近代の天皇制国家**イデオロギーの源泉とも見なされている。

宮地正人によれば、平田は天文学を始めとする「西洋の自然科学」に精通し、また、かなり正確に**キリスト教**を理解していたという。平田に関して、宮地は左記のように述べている〔宮地 2012a〕。

> （前略）キリスト教的世界創造神話と旧約聖書的歴史展開を意識しながら、**天御中主神《あめのみなかぬしのかみ》**を創造主とする、きわめて首尾一貫した、儒仏的色彩を完全に排除した**復古神道神学**を樹立する。
> 注目すべきことは、（中略）自己を含んだ近世後期の日本人の**神**のあるべき姿と**魂**の行方とを

模索し、そのために必要切実な神学を構成するためにこそ、**古事記・日本書紀**・そして**祝詞**《のりと》を利用したということである。

平田は日本の**「記紀神話」**を、西洋のキリスト教をもとに解釈した、というのである。そうであるならば、実体は**「神基習合神道」**とでも呼べるものであろう。

宮地によれば、**「天皇命」**《すめらみこと》が支配する日本は、「よろずの国の本つ御柱たる御国」であり、この日本を成り立たせている人々を、身分を越えた形で**「御国」**《みくに》**の御民」**《みたみ》として、主体性を担うものとして捉えたという。キリスト教の神人隔絶ではなく、そこには神とヒトとの親和性が認められるという。つまり日本は「神の国」であるから、そこに住む人々（国民）も当然、神に値する、ということになるだろうか。とくに平田は、仏教と習合神道を排撃したという。

これは、江戸時代の領主と領民という、厳格な身分制度を否定していく要素となった。つまり、儒教的な東アジア知的共同体からの、日本の離脱を象徴するもので、西洋に対する日本単独の自己主張であったという。こうした思想的背景が、後の尊攘運動を後押ししていった。

こうした「平田国学」の世界観等とも絡み合いながら、既述の、水戸藩の学問として発展した**「水府の学」「水戸学」**は、**「楠公崇拝」**を基盤に発展し、尊攘思想のもとになった。とくに江戸時代後期の水戸学者で、**会沢正志斎（安）**が著した**『新論』**は、尊攘論を確立したものといわれ、後に「尊攘運動の聖典」とされたという。会沢は、水戸学を体系化させたという、同藩儒者の**藤田幽谷**《ゆうこく》（父は古着商）の弟子であった。

また、後期水戸学の教育センターとして創立（天保一二〈一八四一〉年仮開館）されたのが、**藩校「弘道館」**であった。同校は、九代藩主**徳川斉昭**《なりあき》（父は七代治紀、**烈公**）の発意によるものであった。その規模・教育内容等において、会津藩校「日新館」と共に、「天下一」の学校であったとされている。

会沢は、斉昭の幼少期の侍読であったが、会沢は広く人々が祀るべき祭日の一つとして、**「楠公忌」**（五月二五日）を提案した。これは正成を仏式による「ホトケ」ではなく、神式により「カミ」として祀り、正成を「千古忠臣の第一等」で、「人倫の模範」であり、**「忠臣の亀鑑」**であると位置づけたのである。後に、正成の戦没地には、最初の**「別格官幣社」**たる**湊川神社**《みなとがわ》が創建（明治五年四月、神戸市中央区）され、正成が祭神となる。

また水戸学に次いで、既述のように「崎門学派」も楠公崇拝に熱心で、尊王思想に大きな影響を与えたという。あるいは、京都の儒者であった**頼山陽**《らいさんよう》（父は広島藩儒者、子は頼三樹三郎）が、元幕府老中で、奥州白河藩主の**松平定信**（祖父は徳川吉宗）に献上した**『日本外史』**なども、楠公崇拝を鼓吹する書物となった。

さらに**「安政の大獄」**（安政五〜六年）が始まる頃には、「御三家」の筆頭たる**尾張藩**（約六二万石、城址は名古屋市）においても、楠公らを祀る霊社が建立されている。同藩十四代藩主の**徳川慶勝**は、松平容保の実兄であったが、慶勝も強烈な楠公崇拝者であったといわれ、同藩は、幕末の楠公崇拝の興隆に貢献したという。

このように徳川一門のなかからも、楠公崇拝への気運は高まり、幕藩体制は思想面においても、足元・内部から崩壊の危機に晒されていった。

なお、水戸城下には、光圀によって寛文六（一六六六）年、**藩士の共同墓地**が設営された。それは**「常磐《ときわ》共有墓地」**（**谷中墓地**、水戸市松本町）と、**「酒門《さかど》共有墓地」**（水戸市酒門町）であった。光圀は、**神仏習合**の禁止・迷信邪教の打破を目的に、**寺社改革**を実施した。なかでも**葬祭**の改革を行い、士民に簡素な葬祭を奨励したのである。

したがって、両墓地は特定の寺院には属さず、諸宗の共同墓地として利用されたが、とくに当初の祭式は「儒葬式」で、後に「神葬式」になるという。後述する水戸出身の「国事殉難戦没者」は、とくに常磐の地に埋葬されている場合が多い。

一方、**水戸徳川家の墓所**は、水戸城下から北方の国見山（約二九二メートル）の南麓、**瑞龍山《ずいりゅう》**（常陸太田市瑞竜町）に造成された。光圀が初代頼房の意をくみ、寛文年間に埋葬して以来、歴代藩主の墓所となった。葬儀墓制は儒式により、「螭首亀趺《ちしゅきふ》」（亀の胴体に竜の首が付いている台石）と称される墓の様式である。歴代藩主の墓は、夫人と共に一対をなしているが、頼房夫人（光圀生母）のみは正室ではなかったため、側の別域に埋葬されているという。

既述の「忠臣楠子之墓」は、近代日本における対外戦争の所産で、**「日露戦役」**（**明治三十七八年戦役**）後に全国で一般化する、「忠魂碑」の起源とも考えられる。**「忠魂碑」**は**「忠霊塔」**と共に、**「ムラや**

マチの靖国」と称されるようになる。もともと「忠魂」とは、**靖国神社の祭神**を指す言葉であった。
したがって、「巨大な忠魂碑」たる靖国神社を頂点とした、近代日本の戦没者祭祀は、基本的には**図**のような**「靖国ピラミッド」**の祭祀体系のなかで、展開されたものと考えられよう（拙著2018、2020参照）。

常磐共有墓地

同上

旧毛里田村（群馬県太田市）の「忠霊塔」
（陸軍大将鈴木孝雄書、昭和 16 年建立、毛里田行政センター）

旧桃野村（群馬県利根郡みなかみ町）の「忠霊塔」
（陸軍大将男爵本庄繁書、昭和 18 年 6 月建立、茂左衛門地蔵尊千日堂）

靖国神社の「西伯利亜出兵　田中支隊忠魂碑」
（陸軍大将男爵大井成元書、昭和 9 年 2 月 26 日建立）

京都乃木神社の「忠魂碑」
（陸軍大臣陸軍大将南次郎書）

図「靖国ピラミッド」

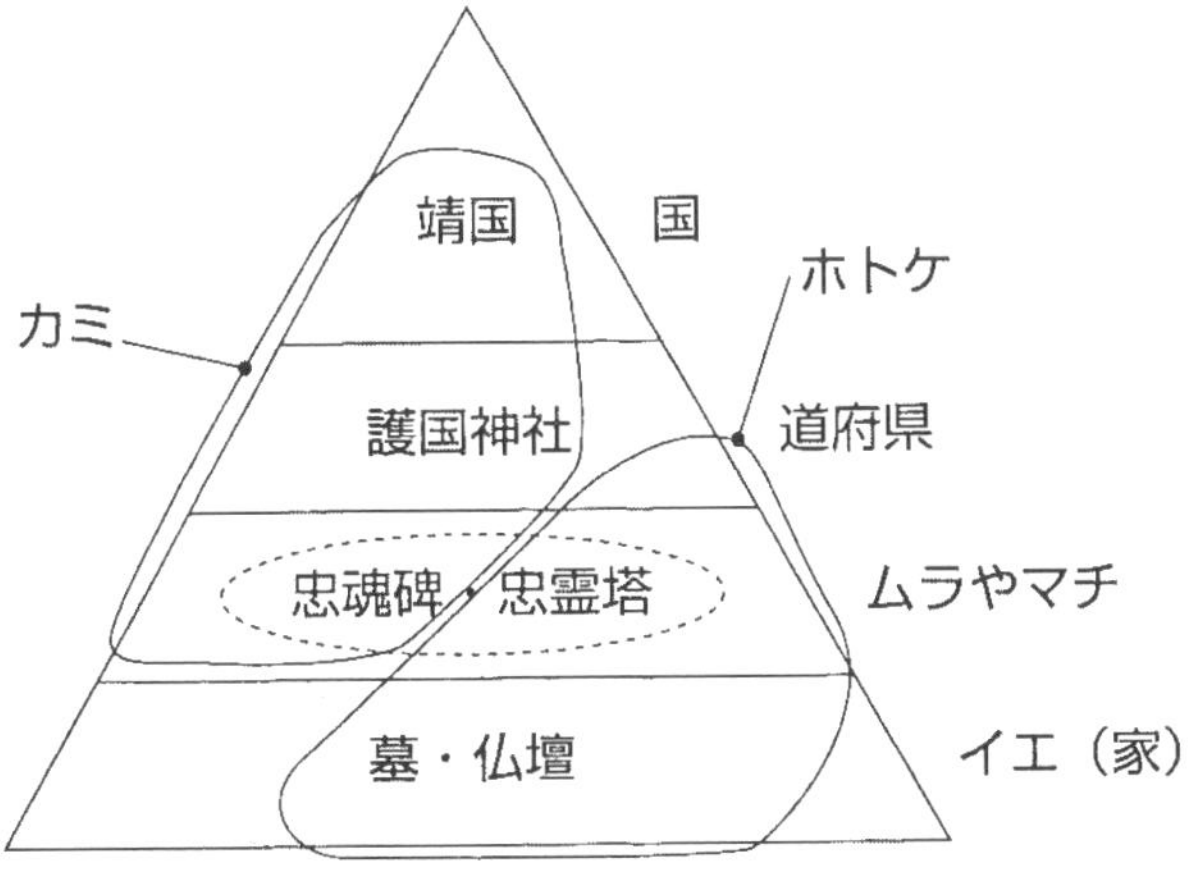

三　「桜田門外の変」と殉難戦没者

水戸ではやがて、二代**光圀**（**義公**）と共に、既述の九代**斉昭**（**烈公**）が並び頌せられるようになる。斉昭は天保期に、いわゆる**「天保藩政改革」**を実施するが、とくに宗教政策に関しては、かつての光圀の政策を継承し、藩内での**神社中心**の方針を復活させた。

つまり、領内の神社において、神仏習合の形態が残っているものは全て廃止し、一村一社の鎮守制と神葬祭を奨励した。また、幕府の**寺請制度**に対して、氏子制度の確立を図ったという。これは、後の明治維新政府による、**神道国教化政策**の魁とされる。

嘉永六（一八五三）年六月三日、米国東インド艦隊司令長官の**ペリー**が、四隻の**「黒船」**を率いて**浦賀**に来航し、日本に開国を求めた。これを機に、幕末の日本社会は大きくうねり始め、幕末の動乱の引き金となっていく。

翌七月、斉昭は幕府の**海防**（**防海**）**参与**となるが、幕命により、水戸藩が江戸石川島に**造船所**を開設（後の石川島播磨重工業）するのは、翌安政元年一月のことであった。これは「日本の近代造船業の先駆」とされる。

水戸藩では一〇年前の弘化元年に、斉昭嫡子の**慶篤**（**順公**）が、十代藩主となっていたが、斉昭側近の水戸学者たる、**藤田東湖**《とうこ》（父は幽谷）などが重用された。ただし藩内では、斉昭を支持する「**改革派**」と、これに反対する「**門閥派**」（**保守派**）の対立が高まっていくことになる。改革派の藩士は、中・下級の武士が主体であったという。

安政元（一八五四）年三月には、**日米和親条約**（**神奈川条約**）が締結され、さらに安政五年六月、

藤田東湖の墓
（水戸市・常磐共有墓地）

日米修好通商条約の調印に発展する。この間、安政二年一〇月には、「**江戸大地震**」（**安政の大地震**）がおこり、社会不安に拍車がかかるが、この際、東湖（五〇歳）は圧死している（墓は常磐共有墓地）。

対外的には、米国と同様の条約を、蘭国・露国などとも調印することになった。これが「**安政五カ国条約**」であったが、同通商条約に関しては、朝廷（天皇）の「無許可」（無勅許）のままの、「**違勅調印**」であるとして、幕府への激しい非難と攻撃が始まった。

他方で、時の「**将軍継嗣問題**」も、大きな政治問題となっていた。生来、病弱であったという将軍**家定**（父は十二代将軍家慶）は、すでに病床にあったのである。いわゆる「**南紀派**」の大老**井伊直弼**（近江彦根藩主、

譜代三五万石）らは、次の十四代将軍に**紀州藩**（御三家、五五万五〇〇〇石、城址は和歌山市）の、**徳川慶福**《よしとみ》**（家茂）**を選定（安政五年六月）した。これにより、越前・薩摩・土佐の各雄藩等が推薦する、**一橋（徳川）慶喜**（水戸藩出身、一橋家養子）は、将軍の座を獲得できなかった。こうして大名間の対立は、**「一橋派」**の敗北となったのである。翌七月、家定（三五歳）は病没した（墓は上野寛永寺）。

そして、既述の「違勅調印」問題等に関しては、安政五年八月八日、朝廷から**「戊午**《ぼご》**の密勅」**が水戸藩に届き、その後幕府にも届けられて、幕政批判・改革が求められた。これにより、尊攘派は勢い付いたのである。

これに対して、井伊大老は翌九月、対抗する「一橋派」や、水戸を中心とする尊攘派の大弾圧に着手した。これが**「安政の大獄」**の始まりであった。なお、八月下旬には全国的に**「コレラ」（コロリ）**が流行し、政情不安に拍車がかかったのである。

この粛清により、例えば慶喜の父で、「一橋派」の**徳川斉昭**は、水戸に「永蟄居」を命じられ、後に十五代将軍となる慶喜も、隠居謹慎となった。斉昭は永蟄居宥免を前にして、水戸で病没（六一歳）する（墓は瑞龍山）。

また、尊王家で**「松下村塾」**を開設した、長州藩士**吉田松陰**（吉田家養子、三〇歳）も、伝馬町の獄中で刑死した。遺体は**小塚原回向院**（浄土宗、荒川区南千住）に埋葬されたが、後に荏原郡若林村（世田谷区若林）の、毛利家抱屋敷内に改葬（文久三年一月）された。そして、松陰墓所には社祠が建てられ（明治一五年一一月）、これが現在の**松陰神社**である。つまり「ホトケ」ではなく、「カミ」として祀られている（萩にも松陰神社あり）。

このように、処罰された者は一〇〇名を超えたとされている。こうした幕府の粛清への反撃として、桜田事変等がおり、以来、藩域を超えた「処士横議」の時代が始まり、**「幕末の志士」**たちの目標は国家変革に絞られていく。

小塚原の刑場跡（回向院境内）

万延元（一八六〇）年一月、日米修好通商条約の批准交換のため、遣米特使として幕閣が江戸を出発し、これに随行して幕府軍艦**「咸臨丸」**（艦長は勝海舟）も、米国に向けて出航した。日本にとって同条約は、いわゆる**「不平等条約」**であり、開港場には「外国人居留地」が設けられることになった。

こうしたなかで同三月三日、**江戸城**（三〇万余坪）西ノ丸外（千代田区皇居外苑）の、**豊《ぶん》後《ご》杵《き》築《つき》藩**（譜代三万二〇〇〇石、城趾は大分県杵築市）上屋敷前で、**「桜田門外の変」（桜田事変）**はおこった。これは、尊攘運動が激化していく転換点とされている。宮地正人によれば、これは客観的には幕末政治過程の一大画期であり、これを契機として、一挙に政治の底辺が拡大していくという。

尊攘派にとって、**「国賊」**たる**大老井伊の暗殺計画**は、「安政の大獄」でとくに厳しく処分された水戸藩関係者や、薩摩藩士らとの間で画策されたという。彼らの多くは下級武士で、あくまでも幕政改革を目的としていた。したがってこの時点では、彼らはまだ、**「討幕」**という考えまでには至っ

皇居

桜田門

ていないという。

ただし、当初は**「井伊・讃州・安藤三奸」**の三名を狙っていたという。井伊の他に讃州とは、水戸藩連枝で高松藩主**松平頼胤**（義父は徳川家斉）であり、安藤とは、奥州磐城平藩主で老中の**安藤信行（信正）**であったが、最終的には井伊大老一人に絞られた。

関鉄之介の墓
（常磐共有墓地）

三月三日早朝、浪士は芝の愛宕山（二六メートル、港区愛宕）に結集し、支度を調えて桜田門外に向かった。現場に到着したのは、五つ時（午前八時）頃であったという。

表1は**「桜田事変関係者一覧」**である。実際の井伊襲撃は、脱藩した元与力の**関鉄之助**（三九歳）を指揮官とした**水戸浪士一七名**と、これに**薩摩藩士**の**有村次左衛門**（二三歳）が加わった、**計一八名**で決行された。必ず**井伊の「首級」**を取ることとし、もし負傷した場合は**自殺**、または閣老に至って自訴することとした。そして創傷なき者は、**大坂**に向かい**挙兵**に参加することを約したという。

五つ半（午前九時）頃、降る雪のなか、井伊大老は

表1　桜田事変関係者一覧

氏　　名	年齢（没年）	役　　職	墓　　　所	備　　考
金子孫二郎 （首領）	58（文久元年）	元郡奉行	**常磐共有墓地**・東京回向院	桜田義挙志士
関　鉄之介 （現場指揮官）	39	元与力	**常磐共有墓地**・東京回向院	桜田烈士
有村次左衛門	23	元薩摩藩士（有村雄助弟）	東京青山墓地	桜田烈士
有村雄助	28	元薩摩藩士	東京青山墓地	桜田義挙志士
稲田重蔵	47	元郡方元締	水戸神崎寺・東京回向院	桜田烈士
広岡子之次郎	21	元小普請組	**常磐共有墓地**・東京回向院	桜田烈士
広木松之介	25（文久２年）	元評定所物書雇	水戸妙雲寺	桜田烈士
高橋多一郎	47	元奥右筆頭取	**常磐共有墓地**	桜田義挙志士
高橋庄左衛門	19	元床机廻	**常磐共有墓地**	桜田義挙志士
斎藤監物	39	元瓜連静神社長官	那珂市・東京回向院	桜田烈士
岡部三十郎	44（文久元年）	元書院番子息	水戸光台寺・東京回向院	桜田烈士
杉山弥一郎	39（文久元年）	元鉄砲師	**常磐共有墓地**・東京回向院	桜田烈士
黒沢忠三郎	32	元大番組	**常磐共有墓地**・東京回向院	桜田烈士
山口辰之介	29	元公子抱伝子息？	**常磐共有墓地**・東京回向院	桜田烈士
蓮田市五郎	29（文久元年）	元寺社方手代	**常磐共有墓地**・東京回向院	桜田烈士
大関和七郎	26（文久元年）	元大番組	**常磐共有墓地**・東京回向院	桜田烈士
森山繁之介	26（文久元年）	元矢倉方手代	水戸祇園寺・東京回向院	桜田烈士
森五六郎	24（文久元年）	元使番子息	**常磐共有墓地**・東京回向院	桜田烈士
佐野竹之介	22	元小姓	**酒門共有墓地**・東京回向院	桜田烈士
海後磋磯之介	78（明治 36 年）	元本米崎三島神社神官	**常磐共有墓地**	桜田烈士
増子金八	60（明治 14 年）	元小納戸役子息	水戸常北町	桜田烈士

※「第７表　桜田事変主な関係者一覧」〔水戸市史 1982〕をもとに作成。

登城して上巳の節句の祝詞を述べるため、駕籠に乗り外桜田の彦根藩上屋敷を出た。その時、浪士は**銃声**を合図に襲いかかったのである。井伊の行列は総勢約六〇名であった。浪士の首領格（全体の責任者）は、元郡奉行の**金子孫二郎**（五八歳）で、直接襲撃には参加しなかったが、暗殺後には、薩藩同志らと挙兵する予定であったという。

浪士の**海《かい》後《ご》磋《さ》磯《き》之介《のすけ》**（元三島神社神官）の手記には、次のようにある〔水戸市史 1982〕。

> 大老の共方は総崩れとなって駕籠脇が俄かに手薄になった時、**稲田**であろうか、半合羽を着た者が突進して刀で駕籠を突き貫いた。これと同時に**有村**と**広岡**も駆けつけて、反対側から刀を突き入れ、瞬く間に戸を開け、大老の首を打ち取った。（中略）間もなく有村が**首級**を刀の先に貫き、大音に呼ばわって、一同に勝鬨をあげた。

井伊の首を取るまでにかかった時間は、僅かであったとされている。たばこ二服ばかりの間であったという。稲田とは、元郡方元締の**稲田重蔵**（農民出身、四七歳）で、唯一の水戸浪士闘死者となる。彼は金子の下で郡吏として働いていた。病弱な体であったというが、井伊の駕籠脇に斬り込み、戦場における「一番槍」となった。また広岡とは、元小普請組の**広岡子之次郎**《ねのじろう》（二一歳）であった。

そして、井伊大老（四六歳）の首級を太刀先に掲げたのは、薩摩の有村であった。しかし、井伊の首を持参していた有村も、井伊の従者に斬られ重傷となり、掟どおり**自刃**した。有村の左手首はなかったという。井伊の首は、有村が落命した、辰ノ口の若年寄遠藤但馬邸（近江三上藩藩主、譜代一万石）の辻番所に、保管されたという。また、次左衛門の実兄である**有村雄助**（二八歳）も、三月下旬、薩摩藩命により自害している。

彦根藩は、後に**稲田の遺骸**を藩邸に引き取り、一家中が打ち寄り、その遺体を憎しみを込めて一刀ずつ斬ったという。それは膾のようになった、と伝えられている。闘死した稲田以下**一八名**は、後に**「桜田烈士」「桜田義士」**と称されることになる。

要撃現場から逃れた浪士は**五名**であった。このうち、指揮官であった関は、西国・江戸と逃れたが、越後で捕らえられ、江戸伝馬町で死罪となった。また金子は、既述の有村雄助と上京の途中、伊勢四日市で捕らえられ、やはり江戸伝馬町で斬首された。既述の広岡も負傷し自刃している。また、直接襲撃に参加しなかった金子らは、**「桜田義挙志士」**とされている。

当初の暗殺計画から深く関わっていた、水戸の**高橋多一郎**（四七歳）は、その子**庄左衛門**（一九歳）と共に三月六日、大坂に入った。西国での挙兵のためであったが、しかし薩摩同志の支援も得られず、幕吏に追われ、**大坂四天王寺**（和宗の総本山、天王寺区四天王寺）で、息子と共に自害している。この高橋父子の遺骸は、塩漬けにされ、四天王寺の域内に捨て置かれていたが、後に水戸の常磐共有墓地に改葬されたという。

幕府は浪士たちの遺骸を、他の罪人と同様に、既述の小塚原回向院の境内に捨てたというが、浪士たちに同情していた同寺住職により、丁重に埋葬されたという。

一方、井伊家の共方は、行列時には刀に柄袋をかけており、不意の襲撃で身支度もととのわず、斬られた者も多いという。

最後まで奮戦したのが供目付**河西忠左衛門**で、駕籠脇にあって死力を尽くして防戦したが、従士は多くは重傷を受けて倒れ、多勢に無勢、ついに闘死した。同志が大老の首を挙げたのは、河西が倒れてからである。

と記録されている〔水戸市史 1982〕。河西（三〇歳）は、神免二刀流師範役であった（墓は彦根長純寺）。井伊方の闘死者は河西以下**四名**、負傷者は十数名（帰邸後に**四名**死亡）であった。

彦根藩では主君の横死を知って激高し、藩士を集めて復讐を謀ろうとするなど、大いに動揺した。幕府は内命を下して、「主君の死」を秘すようにさせたという。時の将軍**家茂**（妻は和宮）は、天下の大法を以て処断する故、彦根藩の決起を何とか慰諭した。幕府は**水彦二藩の直接衝突**を、何とか回避させたのである。

井伊の首級は、浪士らにより、品川から海路で京都に運ばれる予定であったという。しかし、既述の辻番所から彦根藩が取り戻し、やがて藩医により**胴体**と縫い付けられ、翌四月、同藩の菩提寺である世田谷村**豪徳寺**（曹洞宗、一万五〇〇〇坪、東京世田谷区豪徳寺）に埋葬される。世田谷村は同藩の所領であり、「豪徳」の名称は、二代藩主の法号から採ったという。

豪徳寺

直弼の墓碑には、**「宗観院殿正四位上前羽林中郎将柳暁覚翁大居士」**と刻まれた。また同墓碑の背後には、主君を守り闘死した河西らの、**「桜田殉難八士之碑」**が建立（二十七回忌、明治一九年）された。

ただし、彦根藩の負傷者は、**全員切腹**を命じられたという。さらに、無傷で帰邸した彦根藩士の**朝比奈三郎八**以下**七名**は、同藩により捕らえられる。主君の護衛に失敗した、という理由によるものであろう。そして**斬首**され、家名断絶となった。その処分は、親族にまで及んだという。事変から二年後の文久二年のことであった。このように藩士の宿命として、非常の場合、「生還」することは、容易に許されものではなかったのである。これもまた忘れられた悲劇であった。

井伊の流した血が、春雪を染めて染み込んだ「暗殺現場の土」は、四斗樽四杯に詰められ、近江の彦根城下に運ばれた。そして城下の**天寧寺**（曹洞宗、彦根市里根町）に納められ、井伊の供養塔が建てられたという。

生き残って天寿を全うした浪士は、既述の海後（七八歳）と、**増子金八**（六〇歳）の**二名**のみであったが、桜田事変を経て、水戸藩では藩内党争が激化していく。なお、後の戊辰戦役では、彦根藩は東軍ではなく、西軍として出兵している。

井伊直弼の墓所（豪徳寺）

「桜田殉難八士之碑」（同上）

四　東善寺事件と殉難戦没者

桜田事変の翌年、つまり文久元（一八六一）年になると、尊攘派の志士を憤激させる事件が相次いだ。一つは、二月に**露軍艦**が**対馬**を占領しようとした事件であり、二つ目は、英国公使**オールコック**が、**長崎**から陸路で江戸帰還を企てたことであった。とくに公使一行は、長崎奉行の制止を無視しての行動であったため、尊攘派は**「神州の地」**を穢すものと、憤激したのである。

すでに、桜田事変後の年末一二月には、**江戸**での「最初の外国人暗殺事件」がおきていた。それは日本に通商条約の調印を迫った、米国総領事**ハリス**の秘書兼通訳を務めていた**ヒュースケン**（蘭国人）が、**米国公使館**のある**麻布**の**善福寺**（浄土真宗、港区元麻布）に帰宅途中、麻布で薩摩浪士の**伊牟田尚平**らに斬殺される事件であった（墓は南麻布光林寺）。

また**英国公使館**は、**高輪**の**東善寺**（臨済宗、港区高輪）に置かれ、すぐ近くには**「赤穂浪士の墓所」**がある、**泉岳寺**（曹洞宗、同前）があった。寺院側としては、公使館として使用されることを極度に怖れていたという。開国以来、常に襲撃等の危険にさらされる可能性があったからである。

文久元年四月、江戸では**疱瘡（天然痘）**が流行したというが、公使一行が東善寺に帰着したのは、五月二八日であった。そしてこの日の夜、襲撃事件がおこる。**「第一次東善寺事件」**である。つまり四つ時（午後一〇時）過ぎ、泉岳寺に参拝した**水戸浪士一八名**（異説あり）は、三手に分かれて東善寺に乱入した。その状況は、次の通りであった〔水戸市史 1990〕。

新月に近い月で、境内は暗闇であった。（中略）警備の手薄な裏手に廻った一手が、公使の寝室がある本堂に最も近かった。しかし勝手がわからず右往左往するうちに、書記官**オリファント**と**モリソン**に遭遇し、刃でもって両人を傷付けたが、モリソンの発射する短銃にひるんで、

赤穂浪士（義士）墓所
（泉岳寺）

「明治戊辰　芸州藩戦死者墓」
（同上）

東善寺

「都旧趾　最初のイギリス公使館跡」石柱
（東善寺）

ついに堂外に脱出した。（中略）構内にいた**外国御用出役**が真っ先に駆け付け、続いて東善寺警備の**郡山・西尾両藩兵**がこれに加わった。乱闘はなお続いたが、浪士たちは切り立てられ、逃亡した。

英国一等書記官と、たまたま宿泊していた長崎の領事モリソンが負傷したが、公使オールコックは無傷であった。しかし、警備が堅固なはずの公使館が要撃されたことで、駐日欧米人たちは震え上がったという。

表2は、「**第一次東善寺事件関係者一覧**」である。闘死したのは、主将格と思われる**有賀半弥**（二三歳）と、**古川主馬之介**（二三歳）の両名であった。また、自刃者**五名**・死罪**四名**等を出した。なお、**黒沢五郎**・**高畠房次郎**の両名は、後に「坂下門外の変」で闘死することになる。

一方、東善寺の警備は、既述の**大和郡山藩**（譜代一五万余石、城址は奈良県大和郡山市）と、**三河西尾藩**（譜代六万石、城址は愛知県西尾市）の藩兵、これに外国御用出役四〇余名の、計約二〇〇名であったという。

このうち、最も損害が大きかったのは外国御用出役で、幕臣の**江幡吉平**が闘死し、廐中間の**熊吉**が斬殺され、他に一六名の負傷者を出した。とくに**槍疵**《そうし》による者が多かったという。それは、郡山藩兵には槍遣いが多かったため、同士討ちにより、負傷者が続出したものと考えられている。

オールコックは幕府に対して、負傷者への**賠償金一万ドル**の交付と、各国公使館の建設を受諾させることで、事件は解決したという。

この事件が解決すると、オールコックは帰国した。その後、公使代理として清国から来日した、陸軍中佐**ニール**は翌文久二年五月一五日、護衛の海兵隊員三〇名らと、東善寺公使館に入った。そして同二九日の深夜、再び東善寺が襲撃されたのである。これが「**第二次東禅寺事件**」であった。同寺の警備は強化され、五三〇余名により守られていたというが、宿泊していた、**英国海兵隊員二名**が殺害されている。

表2　第一次東善寺事件関係者一覧

氏　名	年齢（没年）	役　職	墓　所	備　考
有賀半弥(主将格)	23	大番組子息	**常磐共有墓地**	闘死
古川主馬之介	23	久慈郡中染村（水府村）出身	常陸太田市・東京回向院	闘死
小堀寅吉	19	野州農民	茨城県立歴史館	東善寺で負傷し自刃
榊鉞三郎	22	?	水戸祇園寺・東京回向院	東善寺で負傷し捕らえられ、同年12月に死罪
岡見留次郎	23(元治元年)	大番組子息	京都市	文久3年大和挙兵に参加し、捕らえられ京都で死罪
石井金四郎	31	郡方手代	水戸江林寺・東京回向院	東善寺を脱し、南品川の旅宿で自刃したが、捕らえられ、同年12月に死罪
中村貞介	29	常州農民		東善寺を脱し、南品川の旅宿で自刃
山崎信之介	20	常州農民	常陸大宮市	同　上
木村幸之介	?（文久3年）	吟味役子息	?	佐原騒動で死亡
前木新八郎	38	書院番子息	**常磐共有墓地**	同年8月に入本郷村（緒川村）で自刃
森　半蔵	36	使番子息	**常磐共有墓地**	同　上
千葉昌平	30	甲冑師子息	東京回向院	上州で捕らえられ、同年12月に死罪
池田為吉	24(文久2年)	町方同心	水戸宝蔵寺	江戸で捕らえられ獄死
中村乙次郎	34	野州商人	?	奥州郡山で捕らえられ、同年に獄死
渡辺幸蔵	?	?	?	文久元年に玉造勢に参加
安金之介	?	?	?	矢須金之介とも
黒沢五郎	30(文久2年)	常州郷医子息	日立市・東京回向院	「坂下門外の変」で闘死
高畠房次郎	35(文久2年)	常州農民組頭	常陸太田市・東京回向院	同　上

※「第一表　東善寺事件関係者一覧」〔水戸市史 1990〕をもとに作成。

これは通説によれば、護衛士の一人で、松本藩士の**伊藤軍兵衛**（二三歳）の単独行によるものであった。外国人の横暴な態度と、藩の多大な負担を憂慮しての行動であったという。ただし、第一次東禅寺事件で死亡した、仲間の仇討ちとして、公使殺害を企てたとも、また、四～五名が犯行に加わっていたとの噂もあるという。伊藤は銃弾により負傷し、翌五日、松本藩下屋敷（港区白金）の番小屋で**自害**した（墓は東京谷中天王寺）。

六月二日、幕府は松本藩の任務を解任し、当日警備の藩士一〇余名の蟄居を命じた。その後、翌三年五月、ニール中佐の要求通り、幕府から英国人遺族への**扶助料一万ポンド（四万ドル）**が支払われ、事件は解決したという。

こうした外国人殺傷事件は、その後も続いた。薩摩藩士により英国人が斬られた、武州生麦村（横浜市鶴見区）での**「生麦事件」**（文久二年八月）や、品川御殿山に建設中の**「英国公使館焼き討ち事件」**（同一二月）が挙げられる。この焼き討ちは、松陰門下の長州藩士で、翌年に「奇兵隊」を発足させる**高杉晋作・久坂玄瑞《くさかげんずい》**ら、一〇余名により実行された。焼き討ち直前、将軍家茂は**「攘夷決行」**を朝廷に返答していた。

慶応元（一八六五）年六月一五日、新任の英国公使**パークス**は、幕府に対して高輪泉岳寺とその隣接地を、外交官の宿泊所としたい旨を、申し入れたという。そして翌二年三月、同寺境内に**「外国人接遇所」**が竣工した。この施設は、襲撃の危険を避けるため「英国公使館」とは呼ばずに、「接遇所」（外国人と会見する場所）と称された。

五　「坂下門外の変」と殉難戦没者

東善寺事件を挟み、桜田事変から僅か二年後の、文久二（一八六二）年一月一五日には、再び**水戸浪士**らによる、**江戸城「坂下門外の変」（坂下事変）**がおこった。既述の「三奸」の一人で、井伊大老の後任となり、**「公武合体」**を推進した、老中**安藤信行（信正）**を、水戸の**平山兵介**（二三歳）以下**六名**（武士・医者・農民など）で、要撃した事件である。各自、**「斬奸趣意書」**を懐に入れていた。

この事件には、江戸で塾を開き、過激な攘夷論を唱える儒学者の、**大橋訥庵**《とつあん》（父は兵学者）がブレーンとして関わっていた。浪士らは、大橋に引きずられ、準備不足のまま決行に至ったという。

幕府は、安藤要撃の確証は掴んでいなかったものの、水戸浪士の動向に疑念を抱いていたという。この一五日は、上元の佳節に当たり、在府の諸大名が登城して将軍に謁する日であった。この日は晴天で、坂下門外は共侍や見物人で混雑していたという。

五つ（午前八時）の太鼓が打ち出されて、老中方の登城となった。桜田事変以来、幕府要人の警護は厳重になっていた。安藤老中の行列は雑踏のなかを路を開かせ、斜めに坂下門に向かっていた。

その時、右側の雑踏中から**「訴状」**を捧げる者がいたので、刀番が受理しようと歩を進めたところ、「訴状」と見えたのは一片の紙に包んだ短銃で、やにわに駕籠を目がけて発射した。桜田事変と同様に、この**銃声**を合図に、既述の六名が左右から斬り込んだのである。しかし安藤老中の駕籠は、屈強な三〇余名の家臣に守られいたという。

その乱闘の状況は次のようであった〔水戸市史 1990〕。

坂下門

平山は乱闘の隙に乗じて駕籠の後方に廻り、これを突き刺した。しかし平山の切っ先は**信行**の袴腰の上を斜めに傷を負わせたのみであり、これと同時に警固の士が集まって平山を仆した。駕籠から出た信行は、坂下門内に走り込もうとし、これを見た**河野**は跡を追って背後に迫ったが、警固の士に囲まれて闘死した。信行は刀番と共に門内に駆け込んで、九死に一生を得たのであった。

安藤は、素足で坂下門内に逃げ込んだというが、**表3**は**「坂下事変関係者一覧」**である。河野とは、野州（栃木県）の医者で、**河野《こうの》顕三**（二五歳）であった。このように平山以下六名は、坂下門の前で忽ち斬り伏せられた

表3　坂下事変関係者一覧

氏　名	年　齢	役　職	墓　所	備　考
平山兵介	22	元新番組子息	**常磐共有墓地**・東京回向院	闘死
河野顕三	35	元野州医者	栃木県南河内町・東京回向院	闘死
小田彦三郎	30	元書院番子息	**常磐共有墓地**・東京回向院	闘死
河本杜太郎	23	元越後医者子息	新潟県十日町・東京回向院	闘死
黒沢五郎	30	元常州郷医子息	日立市・東京回向院	闘死。東善寺事件に参加
高畠房次郎	35	元常州農民組頭	常陸太田市・東京回向院	闘死。東善寺事件に参加
川辺佐次衛門	31	元小普請組	**常磐共有墓地**・東京回向院	襲撃には不参加。長州藩邸で自刃

※「第二表　坂下事変関係者一覧」〔水戸市史 1990〕をもとに作成。

という。また、ブレーンであった大橋も、翌日には幕府に捕縛され、七月には獄死している（墓は東京谷中天王寺）。

一方、安藤は背中に**軽傷**を負ったのみで、命は助かった。この一件は、殆ど瞬息の間に決したのである。事変後、安藤は信正と改名したが、昔日の威信はなくなり、また素足で逃げ込んだことは、武士としてあるまじきこととされた。こうして四月には、内願によって老中を免ぜられた。

闘死した**六名**は、「変名」を名乗っていたため、幕府は当初、水戸浪士の所業と断定できなかったという。この六名と、襲撃に参加できず、長州藩邸で自刃した水戸の**川辺左次衛門**（三一歳）は、幕府により既述の小塚原回向院に捨てられた。しかしこれも再び住職により、丁寧に埋葬されたといわれている。彼らは水戸では、**「坂下門事件烈士」**と称された。

水戸藩に対しては、第一次東善寺事件の時のような、幕府による干渉・圧力は一切なかったという。すでに幕府の権威は失墜していたのである。同事変を機に、幕威回復のための公武合体運動は影を潜め、反幕府色が強い尊攘運動が展開していくという。

六　寺田屋事件と殉難戦没者

「桜田烈士」の一人で、有村次左衛門の出身地たる**薩摩藩**（外様、内高約八七万石、城址は鹿児島市）では、すでに安永六（一七七七）年に、鹿児島の町田氏が、伝来の**楠公像**を邸内の小祠に祀っていたという。そして、桜田事変の万延元年に至り、薩摩藩士の**有馬新七**は**町田久成**（後の初代博物局長）と図り、町田氏の支配地に社祠を造って、楠公像を祀り、尊攘の気運を高めたという。

これには**東郷平八郎**（後の海軍元帥・大将）らが協力し、さらに、**大久保一蔵**（**利通**、後の初代内務卿）・**岩下方平**《みちひら》（後の参与・京都府権知事）などが、楠公祭典に参列した。以来、この**楠公社**には参拝者が相次ぐようになり、翌年には同社祠に願文を掲げて、尊攘の実現を祈願したという。有馬は藩内で、「楠公崇拝の第一人者」として知られていた。

有馬は大久保らと共に「**誠忠組**」を結成しているが、後に**西郷隆盛**（号は**南洲**、陸軍大将・近衛都督）と共に、「**維新の三傑**」の一人とされる大久保は、明治一一年五月に暗殺（四九歳）される（墓は東京青山墓地）。

ところで、当時の薩摩藩の実権は、「**薩摩の国父**」たる**島津久光**（斉彬の異母弟）が握っていた。久光は、十二代藩主**島津茂久**（**忠義**）の父であった。公武合体派の久光は、幕政改革を実現するために文久二（一八六二）年四月、一〇〇〇名余の藩兵を率いて**上京**した。ただし幕府法では、全く違法な久光の軍事行動を、幕府は禁圧する術なく、放置するほかなかったという。

この久光の上京に乗じて、**有馬**らの誠忠組過激派は、**挙兵**する計画を立てていた。それは京都所司代等の襲撃であった。また、長州など他藩の志士も多数参集していた。

これに対して、久光はその実行中止を命じたものの、それが拒否されたため、有馬らの**暗殺**を命令する。久光にとって、主君の命令に従わない有馬らは、「不忠至極」の者共に他ならなかったのである。

坂下事変関から約三ヶ月後の、文久二年四月二三日、有馬らは、**京都伏見**の薩摩藩船宿の**寺田屋**（伏見区南浜町）に結集し、挙兵の準備に取りかかっていた。この有馬らを久光の命によって襲撃したのは、同じ誠忠組で親交のあった、**奈良原喜八郎**（後の元老院議官・貴族院議員）以下、**八名**であった。これが「**寺田屋事件**」である。その状況は次の通りであった〔宮地 2012a、カッコ内は今井が改変〕。

激派の面々のうち、重立《おもだ》ちとして寺田屋の一階で最初に応待した人々は、有馬新七（闘死）、田中謙助（顔面を切られ眼球が飛び出る重傷を負い、翌日自刃を命ぜられた）、柴山愛次郎（闘死、海軍大将柴山矢八の兄）、橋口壮介（重傷、翌日自刃を命ぜられた）の四名である。騒ぎを聞いて二階からおりてきた者が闘いに加わった。その人々は、弟子丸龍助（闘死）、西田直五郎（闘死）、森山新五左衛門（重傷、翌日自刃を命ぜられた）、橋口伝蔵（闘死、樺山資紀の兄）の四名である。

そして、同宿に結集していた挙兵組の中心人物たる、久留米藩の神官**真木和泉**と但馬の**田中河内介**が、二階の同志を鎮撫し、事態を収束させたという。

同宿に結集していた**二十数名**の薩摩藩士は、帰国を命じられる。そのなかには、**西郷従道**（兄は隆盛、後の初代海軍大臣・元帥）・**大山巌**（隆盛の従兄弟、後の陸軍大将・元帥）・**篠原国幹**（後の陸軍少将）などがいたという。その内、囚徒のような護送の扱いに怒り、闘死した者もいた。

また同宿には、薩藩以外の志士たちもいて、薩藩は返すべき宛てのない者**六名**を、鹿児島に護送した。しかし、既述の田中と息子の瑳磨介は、海上で殺害され、播磨灘に投じられた。また、他の四名も着船した日向で斬られたという。

その後、久光は翌六月に江戸に到着し、幕政改革を命ずる朝旨を将軍家茂に渡した。そして久光一行は八月二一日、江戸からの帰途に、東海道の武州生麦村で、**英国人**を無礼討ちにし、**一名**を死亡させることになる。既述の生麦事件であった。刀を抜いたのは、有村兄弟の長兄たる、**有村俊斎**（**海江田信義**、後の子爵・貴族院議員）であった。

これは翌年七月の**「薩英戦争」**に発展した。この際、薩藩は英国の軍事力に圧倒され、もはや「攘夷」は不可能であることを悟るのである。これはまた、久光により流罪にされた、**西郷隆盛**の復帰をもたらすことになったという。

寺田屋で闘死した**有馬**（三八歳）らの遺体は、**伏見大黒寺**（真言宗東寺派、伏見区鷹匠町）に埋葬された。同寺は、**東福寺**（臨済宗東福寺派本山、東山区本町）・**相国寺**《しょうこく》（臨済宗相国寺派大本山、上京

「伏見寺田屋殉難九烈士之墓」
（伏見大黒寺）

「壬戌伏見義挙殉難士之墓」
（同上）

「薩摩　有馬新七正義墓」
（同上）

区今出川通）と共に、**京都「薩摩三寺」**の一つであった。藩主島津氏の守り本尊たる、「出生大黒天」を祀っている。現在、同寺には**「伏見寺田屋殉難九烈士之墓」**（西郷隆盛筆）があり、有馬らは**「ホトケ」**として祀られている。有馬側からすれば、**「壬戌《じんじゅつ》伏見義挙」**であった。

有馬らの**「非業の死」**に直面して、翌五月二五日の**「楠公忌」**に、**大坂**でその招魂祭を行ったのは、久留米の**真木**であった。真木は同事件に連座し、大坂の薩摩藩邸で禁錮中であったが、その楠公崇拝もまた強烈であったという。ここでは有馬らは、**「カミ」**となった。

このように「幕末の志士」たちの間に、楠公崇拝は広まり、正成を「カミ」として祀る**「楠公祭」**は、やがて「近代の戦没者慰霊」と密接に関わっていくことになる。新たな「人神信仰」の始まりであった。

寺田屋事件後の八月二日、**長州藩**（外様約三七万石、城址は萩市・山口市）の内請によって、**天皇**は幕府に対して勅文を下した。その内容は、幕府に攘夷の実行を促すと共に、「非業の死」を遂げた尊攘派志士たちの罷免と、招魂弔祭を命じるものであった。ここでは、志士たちを**「国事ニ死ニ候輩」**と呼んで、**「国事殉難者」**と位置づけたという。ただし、桜田事変の井伊直弼も、明らかに「国事殉難者」であったが、天皇方の勢力に対抗する幕府方の犠牲者は、その対象に入っていない。

これを受けて幕府は一一月一二日、「安政の大獄」以降の尊攘派囚人を赦免し、刑死者・病死者の罪名を除き、**墓碑建立**を許可した。また、横死した尊攘派志士の姓名の調査にも着手している。この措置は、桜田事変・東善寺事件・坂下事変関係者にまで及ぼしていったという。

七　「天狗党の乱」と殉難戦没者

水戸藩では、「尊攘」等を巡り、極めて複雑な血で血を洗う抗争が続いていたが、さらに元治元（一八六四）年三月、尊攘派浪士らによる**「天狗党の乱」（元治甲子《かっし》の変）**がおこった。「攘夷」の立場に立つ、元町奉行の**田丸稲之衛門**や**藤田小四郎**（父は東湖）以下、天狗党六〇余名は三月二七日、**筑波山**（八七七メートル）で挙兵した。同藩は、あたかも**戦国時代**の様相を呈していた。

この挙兵に対して、各地から同志が集まり、多様な勢力が合流した。翌四月、総勢一七〇余名となった天狗党は、まず**日光**（栃木県日光市）をめざして進軍した。それは、**「東照宮の神廟」（日光東照宮）**に祈願して、**「攘夷の先鋒」**となることを願ったからである。

首領は田丸で、同党のシンボルとなったのは、先君「烈公斉昭」を祀る**神輿**であった。もともと「天狗」という名称は、既述の斉昭の改革支持派のなかの、急進派を指していたというが、やがてこの筑波勢の呼称になったという。

一方、この挙兵に対して**「諸生党」（門閥派）**、つまり藩校**「弘道館」**に学ぶ諸生たちは、その討伐に立ち上がった。そして五月には、水戸藩の政局は、諸生党の首領で、同藩執政（老中）の**市川三左衛門**を中心とする、**「市川派」**の支配下となった。

七月に入ると、**常州**（**茨城県**）での争乱が本格化し、翌八月には幕府若年寄で、**常野追討軍総括**の**田沼意尊**《おきたか》（遠州相良藩主）が、水戸城下への進軍を決定した。

その後、市川派によって排除された、元執政の**武田耕雲斎**の一党（武田勢）などが、筑波勢に合流し、一〇月二五日、天狗党は**常州大子村**《だいご》（茨城県久慈郡大子町）に入った。同地での軍議の結果、当時、禁裏守衛総督であった**一橋慶喜**を頼り、朝廷に**「攘夷鎖港」**の素志を訴えるため、**上京（西上）**することに決したという。

そこで部隊を再編し、新たに耕雲斎を総帥（総大将）として、これを田丸や藤田らが補佐する形になった。総勢は**一〇〇〇余名**に膨れ上がっていたという。また**「軍律」**では、「無罪の人民」を「殺害」してはならないなど、とくに一般民衆に危害を加えることは、厳に禁じられた。「正義」のための行動であることを、広く世の中に示す必要があったからである。

一一月一日、同党は大子村を出発し、西上の途についた。**水戸家「葵の紋」**の吹き出しを立て、「日本魂」「奉勅」「攘夷」「報国」「赤心」などと書かれた旗や、隊旗を立てて行進したという。以来同党は、常州・野州・上州・信州・飛州を経て、同年末には**越前（福井県）**に入り降伏することになるが、それまでは、**転戦**をしながらの西上行軍であった。

一一月中旬に入ると、同党は渡良瀬川を渡り、**日光例幣使街道**の**野州**《やしゅう》**梁田宿**（**栃木県**足利市）から西に向かい、同一一日には、**上州太田宿**（新田郡、**群馬県**太田市）に入った。後に梁田宿では、**「戊辰梁田の戦い」**（**梁田戦争**、慶応四年三月九日）がおこるが、これは関東における、戊辰の最初の本格的な戦闘であった。
上州太田は、鎌倉幕府に攻め入り、楠木正成と共に戦った**「南朝の忠臣」**の一人である、**新田《にった》義貞**（新田本宗家八代目）の地元で、**「新田氏発祥の地」**であった。義貞の挙兵地は、**新田生品《いくしな》神社**（太田市新田市野井町）とされている。

東軍60余名を埋葬した「梁田戦争戦死塚」
（足利市梁田町・長福寺）

新田義貞銅像と生品神社（後方）

世良田東照宮

長楽寺境内の旧世良田村「忠霊塔」（左）と「三仏堂」（右）

しかし、義貞（三八歳、異説あり）も**足利軍**と戦い戦死する。そして正成に倣い、その戦没地の越前藤島（福井市）に**藤島神社**が創建（明治九年一一月、別格官幣社）され、「カミ」として祀られた。

一方で太田は、徳川家とも因縁深く、**「徳川氏発祥の地」**ともされている。実際は「徳川姓・発祥の地」、ということになるのだろう。三代将軍**家光**によって、**日光東照宮**の拝殿などが移築され、

世良田《せらだ》東照宮（二〇〇石、太田市世良田町）が建立されていた。同社は、徳川家のブレーンで、**上野寛永寺**（天台宗大本山、上野公園内）の開山である**天海**（会津生まれ）と有縁の、**世良田長楽寺**（一〇〇石、当初は臨済宗、現在は天台宗）の境内に建てられた。同寺は「東日本最初の禅寺」といわれている。これは、**上野東照宮**（上野公園内）が、寛永寺境内の本坊の脇に建立されたのと同様で、**神仏習合**的であった。

また太田には、「子育て呑龍」「呑龍講」で知られた、**大光院**（三〇〇石、新田寺大光院、浄土宗、太田市金山町）があった。同院は、上野寛永寺と共に徳川幕府の菩提寺たる、**芝増上寺**（浄土宗関東大本山、港区芝）を筆頭とする、「関東十八檀林」の一つであった。

大光院は関東平野を一望し、同地の象徴である**金山《かなやま》**（約二三六メートル）の麓にあり、徳川氏が始祖とする**新田義重**を祀っていた。背後の同山には、中世の山城たる**金山城**が築かれた。後の太平洋戦争後、大光院境内には、対外戦争戦没者・戦災被爆者の**「慰霊碑」**が建立されている。

ただし、**義貞の菩提寺**は大光院ではなく、「新田家累

大光院（後方は金山）

代墓所」がある、**金龍寺**（義貞院、曹洞宗、金山町）であった。金龍寺は大光院の北側で、金山の南面にあった。新田一族で金山城主の**横瀬氏**（後の由良氏）は、義貞の遺骨を越前から転葬し、木像を建立したという。後に同山山頂には、義貞を祭神とする**新田神社**が創建（明治八年三月、後の県社）される。

金龍寺

新田義貞供養塔
（金龍寺）

さらに、野州宇都宮生まれの**蒲生君平**らと共に「**寛政の三奇人**」の一人とされる近世の尊王家で、農民（郷士）出身の**高山彦九郎**も、太田（新田郡細谷村）の出身であった。彦九郎も遠祖有縁の義貞を深く敬仰していたというが、九州久留米で**自刃**（四七歳）する。

彦九郎は、「幕末の志士」たちに大きな影響を与え、彼らの間で「今彦九郎」という尊称が生まれたという。純粋無垢な勤王家として、明治以降、称賛されるようになり、太田には彦九郎を祭神とする、**高山神社**が創建（明治一二年一一月、後に県社、太田市本町）される。また京都三条大橋近くには、**高山銅像**が建立（昭和三年一一月）された。

新田神社
（金山）

後に「**満州事変**」後の昭和戦前期には、対外戦争の拡大に伴い、県内で「**新田・高山太田の誉れ**」と鼓吹され、戦時下で、両者の顕彰運動が盛んに展開されていくのである。「**忠勇義烈**」の手本となった。

太田ではすでに文久元（一八六一）年、旗本の**岩松**（**新田**）**俊純**《としずみ》（**満次郎**、交代寄合、後の新田男爵）を盟主とする、「**新田勤王党**」結成の動きがあった。そして、天狗党との連携計画もあったというが、実現しなかっ

高山神社

たという。しかし戊辰開戦後の三月には、五〇余名の「**新田官軍**」の発足に至っているものの、軍資金不足等により、その活動はしばしば空転していた。なお、落合延孝によれば、俊純は「**猫絵の殿様**」と称され、彼が描いた猫絵は、養蚕における「ネズミ除け」として、地元の上州のみならず、武州や信州でも有名であった。

また、天狗党の筑波挙兵前年の文久三年六月、**藤田小四郎**は上州を訪れ、太田宿周辺地域で同志募集の活動をしていた。そして約半年後の一一月には、岩松俊純を引き込んだ、尊王派による「**赤城山挙兵**」「**天朝組の蜂起**」が予定されていたが、頓挫している。かつての、「新田義貞の挙兵」にちなんでの計画であったという。なお、同計画に関わった長州藩士らにより、明治四年、**薩長藩閥政府**を倒し、再度維新を画策した「**明四事件**」がおこるという。

このように太田は、尊王論・尊王思想と大変関わりが深く、天狗党とも繋がって好意的であり、同党にとっては協力を得られる土地柄であった。庶民を苦しめている、時の**物価高騰**の原因は、幕府の独断的な**開港**にあり、そのためには幕府を倒す以外にないと、人々に説かれていった。尊攘論という掴みにくい考えが、一般民衆の問題意識と容易に結びつくようになったのである。

天狗党一行が本陣としたのは、大光院とも金龍寺ともいわれているが、定かではない。既述の「新田勤王党」や「新田官軍」に関係する、**木崎宿**（太田市新田木崎町）の**金井之恭**《ゆきやす》（上州島村〔伊勢崎市〕出身、父は烏州）は、太田宿の一行を訪れ、今後は南上州から信州に入ることを勧めたという。また、同地では金策も行い、差紙で近辺の豪農を呼び出し、数百両もの金額を押借りしている。天狗党は「世直し」を標榜しながらも、すでに強引な**軍資金調達**をしており、人々からは盗賊集団に近い、**「水戸の天狗」**と怖れられたという。同党一行は、太田宿の本陣（橋本家）を始め、各宅に分散して二泊した。

一方、追討軍の**田沼総括**は同一二日、上州・武州の各藩に**「天狗党追討令」**を発し、翌一三日には中山道諸藩にも追討令を布達している。武田の首には報奨金が掛けられていた。例えば、太田宿近隣の**上州伊勢崎藩**（譜代二万石、陣屋は伊勢崎市）は、藩兵三〇〇名を出兵させ、同党の進路を拒む形勢であったというが、両者が交戦することはなかった。太田にて水戸浪士は再び部隊を改組したという。

既述の追討令が発せられた一二日、天狗党は利根川を渡り、**武州中瀬村**（**埼玉県**深谷市）に入った。ここで**武州岡部藩**（譜代二万石余、陣屋址は深谷市）の藩兵三〇〇名と対峙するも、戦死者を出すことなく、同党は中山道の武州本庄宿（埼玉県本庄市）方面に去った。

ところが、内田満によれば、**浪士三名**が本隊から遅れて中瀬村に渡船し、そのうち二名が中瀬川

天狗党「弔魂碑」
（深谷市血洗島・諏訪神社）

原で討取られ、他一名は岡部陣屋で斬首されたという。このうち**二名の首**が**血洗島**《ちあらいじま》（深谷市）に埋葬され、後に慰霊碑が建立された。血洗島は、慶喜（一橋家）の家臣となり、**「近代日本資本主義の父」**とされる、旧幕臣の**渋沢栄一**（生家は豪農、号は青淵）の出身地であった。栄一は天狗党と有縁であったのである。

現在、血洗島の**諏訪神社**境内に建立されている慰霊碑、**天狗党「弔魂碑」**（大正七年九月）は、渋沢の撰幷書により、同碑文には次のように刻まれている〔渋沢青淵 1963、現地調査〕。

此弔魂碑は**旧水戸藩士二人合葬の所**を標せしなり、元治甲子の年、水藩の志士（中略）十一月十二日（中略）利根川を越えて中瀬村に至る、（中略）其隊中の二人は一行に後れて藩兵の殺す所となれり、**血洗島村人其非命を憐み遺骸を収めて墓石を建て**、其氏名を詳にせざるを以て、唯**無縁塔**とのみ称したりき、今茲大正七年、村人其久しくして湮滅せむことを恐れ碑を刻して之を標せむとし、余に其事由を記せむことを請はる（以下略）

「高崎藩士戦死之碑」
（海舟勝安房書、明治 26 年 11 月 16 日建立、下仁田町下小坂）

「義烈千秋」碑
（水府烈士弔魂碑、元帥陸軍大将大勲位功二級彰仁親王墓篆額、明治 33 年 3 月建立、下仁田町下仁田・山際公園）

さらに天狗党は荒川を渡り一一月一六日、中山道の脇往還たる、**信州街道**（**姫街道**）の**上州下《しも》仁《に》田《た》宿**（群馬県甘楽郡下仁田町）に入った。ここで「**下仁田の役」（下仁田戦争）**が展開される。天狗党は既述のように、一〇〇〇名余（九二五名とも）の一軍に膨れ上がっていたが、幕命により出兵した、**上州高崎藩**（譜代八万二〇〇〇石、城址は高崎市）の藩兵、三二〇名余（異説あり）との戦いであった。

夜明けから二時間の死闘の末、高崎藩兵は退却を余儀なくされたという。同藩の大敗であった。同藩戦没者は**三六名**（うち切腹二名・斬首六名）で、同藩は大きな損害を受けた。このうち一〇代の戦没者は**五名**で、最年少は

「水戸浪士　野村丑之助之墓」
（下仁田町下仁田）

一五歳の**本木祭之助**であった。最年長は六〇歳の**松下善八**で、また、**小泉小源治**（四六歳）・**又三郎**（一六歳）父子の戦没者もいた。

一方、天狗党戦没者は**四名**（うち農民一名）のみであったが、このなかには一三歳の**野村丑之助**がいた。丑之助は、稲之衛門の小姓であったが、右手を斬り落とされる重傷を負い、**自害**したという。両軍における最年少者であった。

深手を負って同党に捕らえられた高崎藩兵**六名**は、鏑川の青岩河原で**斬首**された。そして、同党戦没者**二名**（**斎藤仲次・久保田藤吉**）と、高崎藩戦没者は、同党により下町の**本誓寺**（浄土宗、下仁田町下仁田）に**合葬**されたという。

現在、**高崎清水寺**（真言宗、高崎市石原町）の**「田村堂」**（明治一四年以降に建立）には、**高崎藩全戦没者の木像**が安置されている。同藩兵は、地元では「カミ」ではなく、「ホトケ」として祀られている。その経緯は次のようであった〔上毛新聞タカタイ 2014〕。

（前略）戦いの翌日には藩が検分に向かい、清水寺（石原町）の**田村仙岳**住職も同行。**遺体**を各**菩提寺**に葬った後、身分の分け隔てなく**慰霊**しようと、住職は遺族に話を聞きながら**木像**を製作し、境内にお堂を建てて安置した。

「水戸浪士　斎藤仲次　久保田藤吉　之墓」
（下仁田町下仁田・本誓寺）

高崎藩戦没者の遺体は、戦いの翌日には回収されて、各菩提寺に埋葬されたことが分かる。高崎清水寺は、平安時代初期に**坂上田村麻呂**が、**蝦夷**《えみし（えぞ）》との戦いで戦没した人々を弔うために建立したとされている。同藩出兵に際しては、同寺で**「戦勝祈願の護摩供（護摩）」**を修したといわれ、これが奇縁となり、戦没者木像の安置に至ったらしい。ここには藩（クニ）単位の、「近代戦没者の共同祭祀」の萌芽が確認できよう。

天狗党一行は、下仁田で勝利すると、午後には直ちに**信州（長野県）**に向けて進軍していった。しかし重傷者も多く、上信国境の**内山峠**（一〇六六メートル）を越えて、信州に入った頃には、絶命した者も多かったという（異説あり）。

旧高崎藩の「褒光招魂碑」
（明治 12 年 4 月 3 日建立、「下仁田之役」以下 49 名を祀る、高崎市宮元町・頼政神社）

信州に入ると一一月二〇日、諏訪湖の北方、**中山道**の**和田峠**（一五三一メートル）で、**「和田嶺合戦」（和田峠合戦）**がおこった。やはり幕命により出兵した、**諏訪高島藩**（諏訪藩、譜代三万石、城址は諏訪市）の藩兵六〇〇名と、**松本藩**（譜代六万石、城址は松本市）の藩兵三五〇名が、天狗党を待ち構えて合戦になった。両藩には和田峠で同党を食い止めるべく、厳命が下されていたのである。

現在、同地には天狗党戦没者を埋葬した、**「史跡　浪人塚」**（下諏訪町文化財）が確認できる。その「案内板」には左記のようにある（現地調査）。

ここは浪人塚といい、今から一二〇年前元治元年（一八六四年）十一月二十日に、この一帯で水戸の浪士武田耕雲斎たち千余人と松本、諏訪の連合軍千余人が戦った**古戦場**でもある。
　主要武器はきわめて初歩の大砲一〇門くらいづつと猟銃少しだけで、あとは弓、槍刀が主要武器として使われた。半日戦に**浪士隊一〇余、松本勢に四、諏訪勢に六柱の戦死者**があり、浪士たちは戦没者をここに埋めていったが、高島藩は**塚**を造って祀った。碑には、当時水戸に照会して得た**六柱**だけ刻まれている。明治維新を前にして、尊い人柱であった。

昭和四十六年三月五日指定　　下諏訪町教育委員会

連合軍は、挟撃を受けた形になって動揺し、敗走していったという。日暮れと共に戦いは終わり、その晩、水戸浪士は**下諏訪**で宿営した。

なお下諏訪は、中山道を江戸へと向かっていた、新政府軍**赤報隊**の**相楽総三**《さがらそうぞう》（本名は小島将満）らが、慶応四（一八六八）年三月に**斬首**される場所であった。もともと「草莽の士」であった相楽は、天狗党の筑波挙兵に参加していたが、途中で離脱していた。そして、薩摩の**西郷隆盛**らに重用され、赤報隊結成に際して、薩摩藩から金一〇〇両と銃一〇〇挺を支給されたという。しかし結局、同隊は**「偽官軍《ぎかんぐん》」**の烙印を押され、新政府から見放され「賊徒」となる。

現在、その墓地である**「史跡　魁《さきがけ》塚（相楽塚）」**（下諏訪町文化財）については、次のようにある（現地調査）。

「史跡　浪人塚」

「天狗党和田嶺合戦殉難烈士慰霊祭記念」碑

ここは赤報隊長相楽総三以下**幹部八士その他の墓**である。慶応四年正月江戸城総攻撃のために出発した**東山道総督軍**先鋒嚮導の赤報隊は、**租税半減の旗印**をたてて進んだが朝議一変その他によって**賊視**され明治三年同志によって墓がつくられた。名を「魁塚」として祭られた。爾来地元では祭りを絶やさず**昭和御大典**には御贈位の恩典に浴した草莽として維新史の上に大きく輝く人々である。

昭和四十九年六月二十四日指定

下諏訪町教育委員会

相楽処刑から一年後、妻**てる**（父は松江藩士）は、形見として届けられた夫の髻を仏前に供えると、**自害**したという。そして生家は没落した（相楽夫婦の墓は青山墓地、相楽と他一名のみ靖国合祀）。

「観世音」碑他（浪人塚）

「史跡　魁塚（相楽塚）」

ところで、天狗党は「和田嶺合戦」後の一一月二一日、**伊那路**を南下していった。同党が馬籠《まごめ》（岐阜県中津川市）に入って宿泊したことは、**島崎藤村**の『**夜明け前**』でも言及されているという。そして翌一二月一日には、同党は**美濃揖斐**《いび》（**岐阜県揖斐川町**）に宿した。

同日はたまたま、西郷隆盛の片腕だった、薩摩の**桐野利秋**（**中村半次郎**、後の陸軍少将・熊本鎮台司令長官）が訪れ、同党を薩藩が援助する故に、本道を通過して入京するよう勧めたという。しかし、水戸浪士はこれを謝絶したという。

なお西郷・桐野らは、後に明治一〇年、薩摩で決起して「**西南戦役**」（**丁丑**《ていちゅう》**戦役**）をおこし、「賊軍・賊徒」となる。「不平士族最大の反乱」であったが、西郷・桐野も戦没する。彼ら薩軍戦没者は、地元鹿児島の**南洲**《なんしゅう》**墓地**（鹿児島市上竜尾町）に埋葬され、隣接する**南洲神社**（無格社）に「カミ」として祀られた。同社の祭神数は**約七〇〇〇柱**で、「薩軍の靖国」であった。

天狗党がいよいよ近づいたという風聞が、京都に流れたのは、元治元年一一月二八日であったという。この日は、幕府が既述の**芝増上寺**で、「**常野浪士追討軍戦死者**」のための**仏事**（**慰霊祭**）を営むことを命じていた。そして翌二九日、**禁裏守衛総督**であった**一橋慶喜**は、朝廷に同党の追討を願い出たのである。

そこで慶喜は京都から兵を率いて、**近江大津**（**滋賀県大津市**）へ出発し、既述の渋沢栄一も同行している。また、異母弟の**徳川昭徳**（**昭武**、水戸藩主慶篤も兄、後の水戸十一代藩主）も、これに追従したという。慶喜には追討の全権が与えられた。このように、同党が唯一頼りにしていた慶喜からも、逆に追討の対象にされるとは、皮肉な結末であった。
天狗党が**越前**（**福井県**）に入ったのは、翌一二月四日であったが、行軍は全て雪のなかであった。当面の敵は、雪と寒さと飢えであったという。そして、すでに同党は**幕府軍一万数千名**に取り囲まれていた。しかし、予定されていた同党への**総攻撃**は回避され、同二一日、慶喜は遂に同党からの

南洲墓地
（中央が「西郷隆盛墓」）

南洲墓地（手前）と南洲神社（奥）

「**降伏状**」を受理することになる。幕府は同党を「賊徒」と呼んだが、朝廷の沙汰書には「浮浪」と書かれていた。

つまり**天狗党八二三名**は、**加賀藩**（外様、内高一三〇万石、城址は金沢市）に降伏し、捕らえられた。その内訳は、水戸藩士三五名・同心二九名・神官一四名・浪人一〇名・農民三三五名・小者九〇名などであった。三月に決起してから九ヵ月、**八〇〇余キロ**の行程を進軍したことになる。

彼らの身柄は一二月二九日から、慶喜支配下の幕府の**田沼総括**に引き渡された。彼らは足枷をはめられ、五〇名ずつ「**鰊倉**《にしんぐら》」一六棟に収容され、戸口を始め明かり取りまで板を打ち付けて、閉じ込められた。一部の浪士らは、戦をせずに降伏したことを悔やんだという。

翌慶応元（一八六四）年二月一日から、幕府の取り調べが開始された。そして、総帥の**武田**（六三歳）・**田丸**（六一歳）・**藤田**（二四歳）ら**三五二名**（三五三名とも）は、**越前敦賀**の**来迎寺**（浄土宗、敦賀市松島町）で、**斬首**されることになった。それは同二月四～二三日にかけて実施された。

同寺境内に五ヵ所の穴が掘られ、**仕置場**とされた。また、斬首以外の者も、流罪一三〇余名、構いなし・追放一八七名など、厳しい処分を受けた。さらに翌三月下旬、武田・田丸・藤田ら幹部の**首級**は、**水戸**に運ばれて晒された。この際、耕雲斎らの**遺族の処刑**も行われ、耕雲斎の三歳の幼児までも殺されたという。水戸藩内は再び大混乱に陥ったのである。

越前での処刑の状況を見ていた、ある加賀藩士は、

徳川家の命禄も尽き果てようとしていることを、準備したことであると考えられようと記している〔水戸市史 1990〕。徳川幕府の終焉を予感したのである。また、天狗党へ従軍させられた農民の一人は、次のように語っている〔水戸市史 1990〕。

> 武田はじめ呼び出しのあと帰る人はないので、（中略）いずれも打ち首になったとのことである。仕置き場の方向を遠望したところ、**天に鳶・烏が千羽も群がり、愁いの鳴き声を聞いた**。ただ今も耳に残り、永く世話になりし人々、**死累**になると承った。（中略）せめては一ぺんの**香花**をたむけたいと思う。

「藤田小四郎信墓」
（常磐共有墓地）

武田らは現在、**水戸**の**常磐共有墓地**に隣接した、**回天神社**（昭和四四年創建〔明治維新百年記念〕、水戸市松本町）に**「カミ」**として祀られている。「回天」とは、世の中を変革する意であった。同社の秋季大祭は、

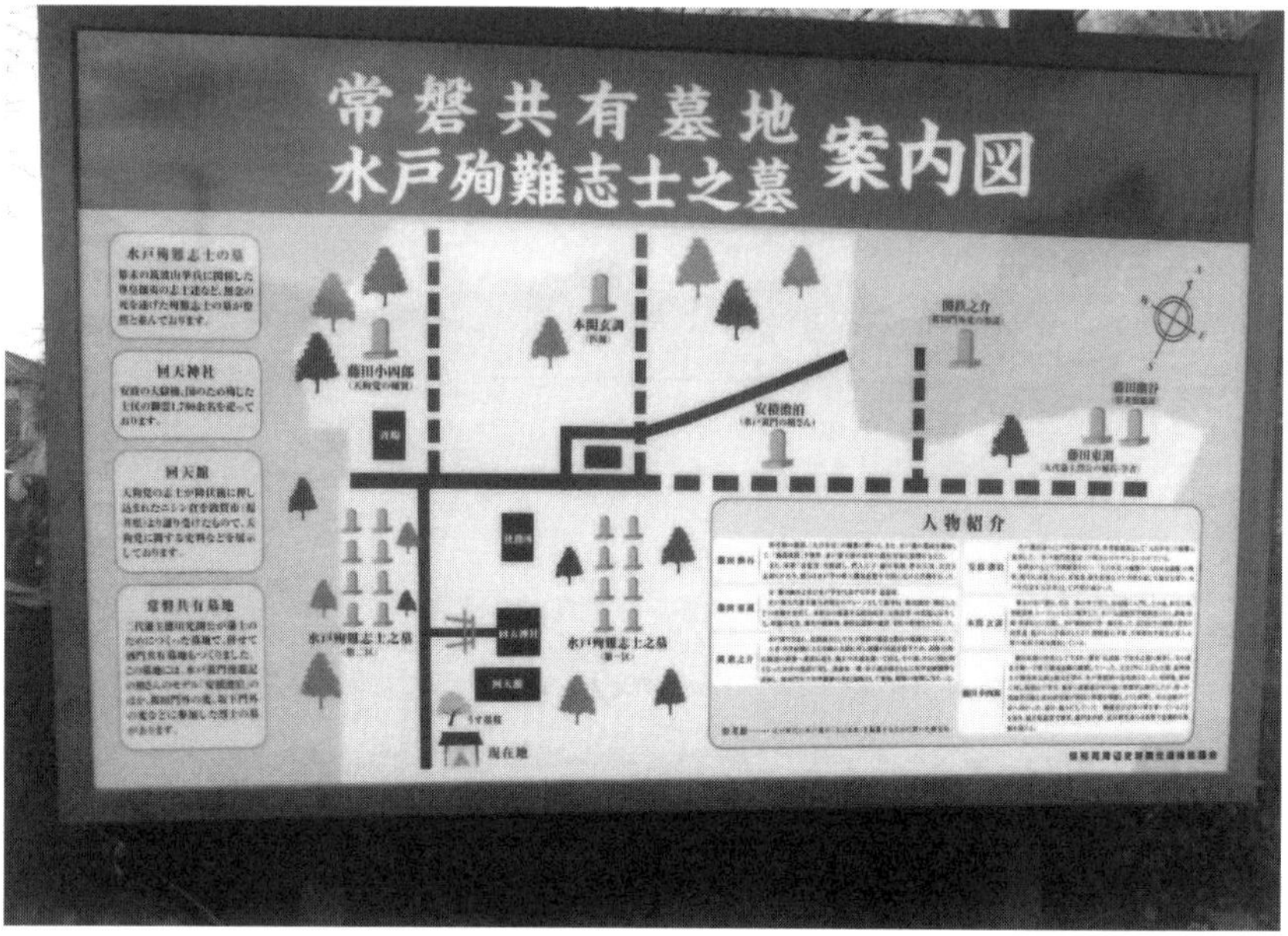

案内図

一〇月一四日（大政奉還日）である。そして同社を南北に挟む形で、二ヵ所の**「水戸殉難志士の墓」**（墓碑**三七四基**、明治三年建立）がある。

一号墓所（**第一区**）は北側、**二号墓所**（**第二区**）は南側であるが、その**案内板「水戸市指定史跡　水戸殉難志士の墓」**には、左記のようにある〔現地調査〕。

（前略）**明治二年**、新政府の**初代水戸藩知事**となった**徳川昭武**公は、明治維新の礎として殉難したこれらの**志士の遺骸を収容**して、常磐共有墓地の一角（現回天神社境内）に**埋葬**し、同所に**「殉難」**碑を建立、**慰霊顕彰**した。

大正三年、「元治甲子の変」より五十年を期して斎行された慰霊祭を機に、殉難志士の氏名、年齢、死因、殉難地を調査した結果、**三百七十一名**について判明し、その氏名を刻して墓を建てたのが現在の一号墓所、二号墓所であり、その墓列の総延長は**三百七十余メートル**と長大なものとなった。（以下略）

平成十年三月

回天神社

同上

水戸殉難志士の墓保存会

回天神社は、昭和八年に建立された**「忠魂塔」**（遺骨なし）をもとに、神社に発展したものであり、祭神数は**一七八五柱**である。一つの碑・塔などの「碑表」から神社に発展した、典型的な事例であった。また同社境内には、敦賀の「鰊倉」を移転し記念館とした**「回天館」**がある。

回天館

管見の限り、回天神社と同様の事例としては、**札幌護国神社**が挙げられる。同社は、**西南戦役の「屯田兵招魂之碑」**（明治一二年九月建立）を起源とし、**「忠魂碑」**を経て、招魂社から護国神社に発展したものであった（拙著 2021 参照）。また、**滋賀県護国神社**の起源も、西軍たる**彦根藩**の**戊辰戦役戦没者の招魂碑**（戊辰従征戦死者碑、明治二年九月建立）であるという。なお、こうした志士の墓は、管見によれば、後の**陸軍墓地（埋葬地）**に繋がっていくのではないかと考えている。

水戸での**耕雲斎の墓**は、武田邸があった**妙雲寺**（日蓮宗、水戸市見川）に建立されている。その墓碑には、「**故伊賀守従五位下武田府君墓**」（執政・元治甲子西上軍大將）と刻まれていた。また、同地には「桜田烈士」で、桜田事変の三回忌に鎌倉で**自害**した、元町方同心の**広木松之介**（二五歳）の墓もある。これと共に、広木らに暗殺された、「**彦根城主　大老　井伊掃部頭直弼台霊塚**」も建立されている。同寺では、「**ホトケ**」としての私的祭祀であるが、敵味方、双方の慰霊供養がなされているのであった。ここには、**仏教**の**怨親**《おんしん》**平等**思想が反映されていよう。

一号墓所（第一区）の「殉難」碑

一号墓所

同上

一方、天狗党が処刑された**敦賀**においても、墓地が造成された。武田らが埋葬された場所には、五個の土塚が築かれ、これらを包括して明治元（一八六八）年九月、一二間四面の方形の塚が完成した。その後、大正三年の「五十年祭」に多少改修されたという。これが現在の**「天狗党の墓」**（敦賀市松島町）で、墓碑**一五基**がある。

また、近くには武田以下**四一一柱**を祭神とする**松原神社**が、旧水戸藩関係者により創建（明治八年一月神社創立許可、同三一年一〇月社殿竣工）された。そして同社境内にも、「鰊倉」が移築され、**「水戸烈士記念館」**になっているという。こうして天狗党は、水戸と同様に敦賀においても、公的に**「ホ

二号墓所（第二区）

同上

同上

トケ」ではなく「カミ」として祀られている。

回天神社の「忠魂塔」

札幌護国神社（旧札幌招魂社）

「札幌忠魂碑」
（札幌護国神社）

「屯田兵招魂之碑」
（札幌護国神社）

水戸陸軍墓地
（水戸市堀町公園墓地内）

同上

同上

耕雲斎一家の墓
（妙雲寺）

「井伊掃部頭直弼台霊塚」
（同上）

八　「禁門の変」と殉難戦没者

京都では、文久三（一八六三）年八月に「**八月十八日の政変**」がおこり、会津・薩摩らの公武合体派が、**長州**を中心とする尊攘派を京都から追放した。これにより、公卿の**三条実美**（後の議定・太政大臣）らは長州に逃走している。いわゆる「**七卿落ち**」である。この前後から、京都では**暗殺**が横行し、庶民は恐怖のどん底に追い込まれていく。

翌元治元年六月五日、長州系の尊攘派浪士など二十数名が、京都三条小橋の旅宿**池田屋**（中京区河原町通三条東入ル）に結集しているところを、**新選組**等により襲撃された。「**池田屋事件**」である。浪士らは、「八月十八日の政変」で失脚した、長州藩の復権策を練っていたという。

池田屋襲撃により**十数名**が死亡したとされ、これにより京都の尊攘派は壊滅的な打撃を受けた。同事件は、「明治維新を一年遅らせた」ともいわれている。

これに対して、武力行使しかないと考えた**長州藩**は、翌七月一九日、各家老が藩兵を率いて、三方面から京都に攻め入った。そして、幕府軍と「**御所**」西側の「禁門」（蛤御門）付近で激戦となった。これが「**禁門の変**」（**蛤御門の変**）であった。

例えば、会津藩の記録によれば、

長州兵（**賊兵**）は鷹司邸の塀を楯にして、横から堺町門を守る**越前兵**を砲撃した。（中略）その時、薩摩・越前・桑名の兵も来て助けたが、たまたま**鷹司邸**から火が起こったので、賊将久坂義助、寺島忠三郎、入江九一らは、逃げ切れないことを知って**屠腹**して死に、真木和泉は、負傷しながらも残兵を率いて鷹司邸の南裏門から逃れ出た。

とある〔石田 1997〕。

自害した**久坂玄瑞**（**義助**、二四歳）らは、松陰門下であった。また、「遊撃軍」総督の**来島又兵衛**（四九歳）も、嵯峨天龍寺から禁門を攻撃中に、狙撃されて戦死した。

同日の午前中には、長州軍は全面敗北した。長州方の戦没者は**約二〇〇名**といわれているが、その遺体の多くは、放置されたまま敗走したという。

また「忠勇隊」を率いた、久留米の**真木和泉**（五一歳）も負傷し、西方の**天王山**（京都大山崎町）まで逃れるが、遂には火を放ち、ここで同志**一六名**と共に**自刃**する。その遺体は、幕府側の命により、付近の農民の手で埋葬されたという。

なお、この天王山の真木らの**墓碑**に関しては、

墓標には「**長州賊徒の墓**」と記されているにもかかわらず、この墓地は「**残念さん**」と呼ばれ、近在ばかりではなく、遠くからも農民や町人の参拝者が多く、香華の絶えることがなかっ

た。

と伝えられている〔石田 1997〕。

また、**尼崎**にも「残念さん」と称される、「禁門の変」**自刃者の墓碑**（尼崎市杭瀬南新町）があるという。**長州藩**の銃隊員で、下級武士の**山本分之助**（二一九歳）の墓碑である。これに関しては、次のようにある〔一坂 2005〕。

（前略）山本は、幕府の命により警備をしていた**尼崎藩**の役人に捕らえられ、牢に放り込まれてしまう。

尼崎藩は長州藩と同じ勤王藩であると信じていた山本は、弁明に努めたが、相手にされない。そこで隙を見て、**「残念　残念」**と叫びながら**自害**して果てた。

翌年二月頃から、山本の墓は「残念さん」と呼ばれるようになり、とくに**大坂町人**の間で爆発的な信仰を集めるようになるという。それは、「願掛け」をすれば、どんな大病でも全快するというものであった。**「病気治し」**の御利益であり、「非業の死者」に対する「御霊信仰」「民間信仰」であった。

このように、同変で多くの尊攘派指導者が死去したが、後に「維新の三傑」の一人となる、**桂小**

五郎（後の**木戸孝允**、参議）は、辛うじて生き延び、但州出石に潜伏することになった。

この戦いは、会津・桑名・越前・薩摩・大垣・土佐等の**幕府軍**の勝利となり、対する**長州軍**は京都から敗走している。ただし、この時点での「朝敵・賊軍」は会津・桑名藩ではなく、長州藩であった。長州は天皇のいる「御所」に向けて、**大砲**を放ったのである。

これは前代未聞のことで、これにより京都市街の大半は焼失し、大混乱に陥った。これを**「鉄砲焼け」**と称した。なお、慶応二（一八六六）年一月の**「薩長同盟」**成立まで、薩摩と長州は「犬猿の仲」であった。孝明天皇は、朝命を受けながらも、敢えて大兵を以て禁裏に迫った長州軍に激怒し、同二三日、慶喜に対し**「長州征討」**の朝命を下した。

「禁門の変」での、会津藩戦没者は**五八名**（異説あり）とされている。同藩では、既述のように容保の上洛後、**金戒光明寺**に墓地の使用願を出し、同藩の死者が埋葬されて、墓域が形成されていった。これが後の**京都会津墓地**（**会津藩殉難者墓地**、三〇〇坪、明治二九年正式造成）である。

現在、同墓地には、**二六一名**（異説あり）が埋葬されているというが、**「仏葬」**ではなく**「神葬」**であるという。つまり「カミ」として祀られているが、これは既述の「会津神道」の影響であろう。ただし、寺院境内は「ホトケ」の世界であり、墓碑には「塔婆」も供えられいることから、実際には神仏習合的であるといえよう。

そして、同地への埋葬作業等に深く関わった人物が、初代**「会津小鉄」**と呼ばれた侠客と、その子分たちであった。小鉄は六〇〇名の手下を擁していたという。現在、同寺子院の**西雲院**境内の小

京都会津墓地（会津藩殉難者墓地）
（京都市左京区黒谷町・金戒光明寺）

同上

鉄の墓前には、**案内板「銘文　会津小鉄」**（平成一六年五月建立）が立っているが、その文面は左記の通りである〔原田 2004、現地調査〕。

本名**坂上仙吉**、天保四年大坂ニ生マル。（中略）少年ニシテ大坂ヲ捨テ（中略）京都ノ顔役、

大垣屋清八ニ見込マレ男ヲ売ル

文久二年会津藩主**松平容保**侯**京都守護職**トシテ千兵ヲ率イテ当黒谷ニ**本陣**ヲ置クヤ、其ノ知遇ヲ受ケ若年ニシテ**元締メ**トナル、会津侯ノ為亦**新選組**ノ影ノ協力者トシテ活躍、幕末動乱ノ京洛ノ地ニ其ノ俠名謳ワレ**会津ノ小鉄**ト呼ブ

蛤御門ノ変及**伏見鳥羽ノ戦**ニ兵糧方及ビ戦死傷者ノ収容ノ任ニ就イテ参戦**蛤御門ノ変**ニハ会津侯ヨリ**感状**ヲ授ル、特ニ伏見鳥羽ノ戦ニハ会津軍敗退スルヤ其ノ**戦死者ノ遺体**ハ**朝敵ノ汚名**

京都会津墓地

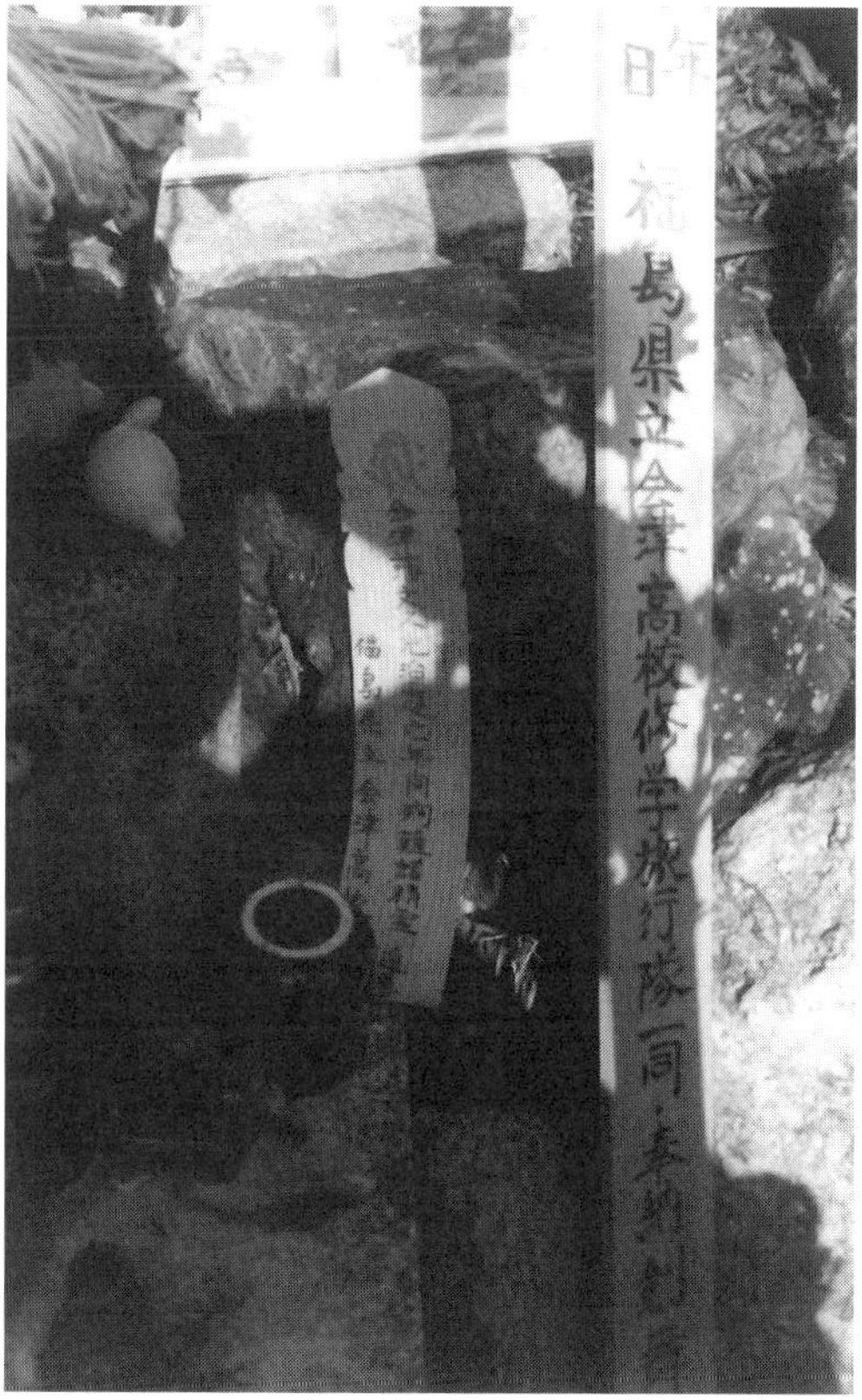

「会津藩文久元治慶応年間殉難諸精霊追善　福島県立会津高校」
（同上）

会津小鉄の墓
（西雲院）

ノ元、世人ハ後難ヲ恐レ戦場ノ雨露ニ晒サレ、**無残ニモ放置**サレタルヲ配下ヲ動員シ死ヲ決シテ探索、収容、**埋葬**スルト言ウ美挙ガアル

明治十八年三月十九日、洛北北白川ニ没す。享年五十三才

「禁門の変」において、小鉄は**荷駄隊**を率いて、会津側の軍事物資を輸送し、また既述のように、**戦死者等の収容作業**の役割も果たした。この収容作業に関しては、次のように伝えている〔原田 2004〕。

次々と戦場から運ばれる**死体**は、**鉄砲弾**を浴びて、見るに堪えない程、血に塗れて損傷し、重傷者もまた、手足をもぎ取られた者、顔面を割られ、応急手当に巻かれた白布は真っ赤に染まって、戸板の上に血溜りを作っている。これらの**死体重傷者**は、一時黒谷本陣の広場に並べられ、重傷者は手当てを施されているが、死体は確認の上、小鉄等の手によって穴が掘られ、次々と、**埋葬**されていく。重傷者の**苦痛の声**は辺り一面に満ち溢れて、聞く者の胸を締めつける。手当の甲斐もなく、絶命していく会津藩士の死体は、未だ、生温かい体温を残しながらも、掘られた穴に埋葬される。その光景に、流石の**小鉄**も、**涙**を、禁じ得なかったという。

小鉄は、重傷を負った**薩摩藩士**数名も、黒谷本陣に運び込んでいる。このなかには、長州の来島を狙撃した、**川路利良**（後の初代警視総監・陸軍少将）の姿もあった。こうした功績によって、小鉄は会津藩から「陣羽織一着」を贈られた。

他方、既述のように長州藩の遺体は、放置されたままであった。それを見かねた、**越前福井藩**（家門三二万石、城址は福井市）の軍務官**桑山重蔵**は、藩主の**松平慶永**（**春嶽**、父は田安氏）から、

敵とはいえ、**皇国**の為に働いた**尽忠の士**である、**首級**を清めて葬ってやれ

という許可を取り付ける〔石田 1997〕。

そこで、彼らの首級をあげて持ち帰り、福井藩の菩提寺であった、鞍馬口の**上善寺**（浄土宗、京都市北区）に埋葬したという。そして**「長州人首級（首塚）」**と刻まれた墓碑が建立された。現在、同所に埋葬されている戦没者は、既述の**入江九一**以下**八名**という。

また、既述の「薩摩三寺」の一つ**相国寺**にも、薩摩藩によって長藩戦没者**二十数名**が埋葬され、**「長藩士戦亡霊塔」**が建立された。

「禁門の変」の翌八月、幕府は諸侯に「**第一回長州征伐**」を命じるものの、戦闘を交えることはなかった。幕府軍の戦意は低下していたのである。そして慶応二（一八六六）年七月、幕府による「**第二回長州征伐**」の最中に、将軍**家茂**《いえもち》（二一歳）は大坂城で病死し、征長は中止された。

これにより同年末一二月、次の**十五代将軍**には**一橋慶喜**が就任するが、同二五日には、既述の「玉」たる**孝明天皇**（三六歳）が急逝した。「毒殺説」が有力であるようだが、このように政権内は目まぐるしく混乱し、政情は急変していく。

とくに会津藩は突然、孝明天皇という大きな後ろ盾を失い、反幕府勢力は攻勢を拡大させていった。孝明天皇は、皇室の香華院として「**御寺**《みでら》」と称された、洛東の**泉涌寺**《せんにゅうじ》（真言宗泉涌寺派総本山、東山区泉涌寺山内町）に「**ホトケ**」として**土葬**された。ただし、その墓所は同寺境内の廟所ではなく、独立した峰が与えられたという。それが「**後月輪東山陵**《のちのつきのわひがしやまりょう》」（東山区今熊野泉山町）である。

翌三年一月、孝明天皇の皇子たる**睦仁**《むつひと》**親王**（一六歳）が、践祚《せんそ》（皇位継承）した。これが**明治天皇**である。そして一〇月一三日、朝廷は薩摩藩に、翌一四日には長州藩に対して、「**討幕の密勅**」を発した。これには、「容保兄弟の誅殺」を命じる文書も付与されていたという。

一方で、一〇月一四日には、将軍慶喜が「**大政奉還**」を上奏しており、一二月には、天皇による「**王政復古の大号令**」が発せられる。ここにおいて、「**天皇親政**」の時代が始まり、江戸幕府は終わりを告げていく。

宮地正人によれば、こうしたなかで幕臣間に不満が高まり、在京譜代諸藩内に怒りが蓄積し、大政奉還後の京都には「殺気」が充満したという。また、世の中が「一新」するとの期待と希望のもとで、周知の**「ええじゃないかの乱舞」**が、京の町中に繰り広げられた。

また、**靖国祭祀**に関しては、「禁門の変」での官軍たる会津・薩摩諸藩の戦没者は、靖国合祀されている。一方の賊軍たる長藩戦没者も、靖国合祀されることになる。後の戊辰戦役で、長藩は官軍になるからである。**祭神**の「ねじれ現像」が生じることになった。

九　「鳥羽伏見の戦い」と殉難戦没者

慶応三（一八六七）年一二月九日、朝廷は**「王政復古の大号令」**を発し、「総裁・議定・参与」を新設し、将軍徳川慶喜に辞官・納地を命じた。そして翌四年一月三日には、**京都**で**「鳥羽伏見の戦い」**がおこる。いわゆる**「戊辰戦役」**の始まりであった。

現地の**案内板「此付近　鳥羽伏見戦跡」**（京都市伏見区中島秋ノ山町）には、左記のようにある〔現地調査〕。

（前略）王政復古ののち、（中略）朝廷、薩摩、長州藩らの処置を不満とした幕臣、会津、桑名藩は、**正月一日挙兵**、大阪から京都に攻め入ろうとし、薩摩、長州軍はこれを迎えうった。**城南宮**には、薩摩の**野津鎮雄**らが大砲を備えて布陣し、**竹田街道**を北上してきた桑名軍、幕府大目付滝川具挙が、**小枝橋**を渡ろうとするのを阻止して、談判の後、ついに薩摩軍から**発砲**した。

このように一月三日の夕刻、**「討薩表」**を掲げて、大坂から北上した**旧幕府軍（東軍）**は、城南宮（鳥羽離宮の鎮守社、伏見区中島鳥羽離宮町）に布陣し、小枝橋を守る薩摩藩兵と交戦することになる。砲撃戦であった。

翌四日には、議定となった**仁和寺宮嘉彰《よしあき》親王**（後の海軍総督・会津征討越後口総督・元帥陸軍大将**小松宮彰仁親王**）に、新たに創作された**「錦旗」「錦の御旗」**が授けられ、仁和寺宮は**「征討大将軍」**となった。そして午後には、親王は**西軍**本営のある**東寺**（教王護国寺、東寺真言宗、南区九条町）に入り、ここに「錦旗」がはためいたという。

「鳥羽伏見戦跡」碑

小松宮銅像
（東京・上野公園）

これにより「玉」を掲げた、薩長ら約五〇〇〇名の**討幕軍**（**西軍**）は「**官軍**」となり、これに対抗する、東軍約一万五〇〇〇名は「**朝敵・賊軍**」となったのである。立場を決めかねていた**土佐藩**（外様二〇万二六〇〇石、城址は高知県土佐市）も、薩長軍に投じ、また西国諸藩も、次々とこれに同調していったという。東軍の武器は刀槍が中心であったが、砲撃戦の末、機先を制された東軍は、総崩れとなり退却していった。

同五日には、東軍の**伏見淀城**（譜代一〇万二〇〇〇石、城址は京都市伏見区淀本町、淀城公園）が落城し、七日には「**慶喜追討令**」も出され、さらに八日には、東軍の本拠地であった**大坂城**（幕府直轄）が落城した。これにより大坂城の大部分は焼失したという。慶喜は大坂を脱し、海路により江戸に帰った。

こうして鳥羽伏見の砲声は、「天皇・薩長政権の誕生」を告げる前兆となった。そして翌二月には、和宮の元婚約者であった、総裁の**有栖川宮熾仁《たるひと》親王**（後の陸軍大将・元老院議官・参謀総長）が「**東征大総督**」に任じられ、江戸に向けて進軍が開始される。西軍兵力は**五万名**といわれている。

東軍の配下にあった既述の**会津小鉄**は、この「鳥羽伏見の戦い」でも、再び奮闘することになる。小鉄はこの時も、**荷駄隊**を率いて戦場を駆け回った。京都から三〇〇名・大坂から二〇〇名の人足を集め、伏見・淀・八幡方面へと徐々に南下しながら、東軍戦没者の**遺体**を回収していったという。

この戦いでの東軍戦没者は、**計二七九名**とされている。このうち、会津藩戦没者は**一一五名**を数えたが、東軍の遺体は賊軍として**放置**され、何人も手を触れることが許されず、**野犬**等に食い荒らされていた。

会津藩士に関しては、**ズボン**に羅紗の軍袍を着用していたため、一見して見分けがついた。集められた遺体は、会津藩と他の者とを区別して、三体・五体と**荼毘**に付され、各所で**野火**のように遺体を焼く火炎が上がっていた。荼毘に付された遺骨のうち、会津藩士のものは、**頭蓋骨の一片**を木箱に納めた。残りの遺骨は各々集められて、近くの**寺院の墓地**や、その隣接地に穴を掘って**埋葬**された。小鉄は寺院に金を差し出し、懇ろな回向・供養を依頼したという。

また小鉄は、砲弾によって穴を開けられた道路や橋の修復を行い、通行の障害物を除去していった。この遺体回収作業に、三ヵ月が費やされたというが、この間、西軍の妨害による決死の場面を切り抜けている。遺体の回収終了後、小鉄は西軍に連行され取り調べを受けるが、既述の大垣屋や薩摩の川路らの助力によって、放免されたという。

激戦が展開された伏見では、**伏見「淀城（新城）の守り」**として、戦国時代の淀古城跡に、**妙教寺**（法華宗、伏見区納所町）が建立（寛永年間）されていた。同寺周辺は、「鳥羽伏見の戦い」で激戦地となり、本堂内に**砲弾**が飛び込み、**柱を貫通**している。

同寺境内には、**「戊辰之役東軍戦死者之碑」**（榎本武揚書、明治四〇年建立）が確認できる。同碑には、

戦死者埋骨地三所　一、在下鳥羽村悲願寺墓地　一、納所村　愛宕茶屋堤防　一、八番楳木

妙教寺

「戊辰役東軍　戦死者霊位」
（妙教寺）

「戊辰ノ役　東軍砲弾貫通ノ柱」
（妙教寺）

「戊辰ノ役戦死者霊」塔婆
（妙教寺）

「戊辰之役東軍戦死者之碑」
（妙教寺）

「戦乱犠牲者　鎮魂ノ碑」
（同上）

「戊辰役東軍戦死者埋骨地」碑
（伏見愛宕茶屋堤防）

「戊辰役東軍戦死者埋骨地」碑
（京都競馬場、伏見区葭島渡場島町）

と記されていた〔一坂 2005、現地調査〕。

「三所」は、東軍埋葬地であるが、このうち、**愛宕茶屋**の戦没者は**三五名**、**八番楳木**《うめき》の戦没者は**四一名**といわれおり、両所にも**「戊辰役東軍戦死者埋骨地」碑**が建立されている。

また、現在は廃寺となっている**「悲願寺墓地」**（伏見区下鳥羽柳長町）は、鳥羽地区七ヵ寺外の共同墓地で、同地にも「戊辰役東軍戦死者埋骨地」碑が建立された。その経緯は左記の通りである〔石田 1997〕。

（前略）このあたりで戦死した**幕軍の戦死者の遺骸**が棄てられたままなのをみて、**下鳥羽の人達**は戦争のために自分達の家も焼かれてしまったが、この**墓地の一隅へ穴を掘って**、焼け残った家の梁や柱を集めて戦死者の遺骸をその上に積み、**火葬**にしたうえで、燃え残った炭で遺骨のまわりを囲んで丁寧に埋葬したという。しばらくは**墓標**もないままであったが、明治三十年に建てられた**石柱**が、現在見られるものである。

また、次のようにもある〔一坂 2005〕。

「史蹟　戊辰役　東軍　西軍　激戦之址」標
（京都競馬場）

家を焼かれたとはいえ、譜代大名の統治が長かったせいもあり、**淀の住民**は**徳川贔屓**だった。現代でも、明治の末に生まれた老紳士が「薩長の奴らは嫌いだ、やり方が汚い」と憤る土地柄なのである。

さらに、近くの**法伝寺**（浄

土宗）には、**「東軍戦死者名簿」（戊辰之役東軍戦死者霊名簿）**が残されている。これに記載されている**計二三五名**が、悲願寺墓地の埋葬者であると報道されたというが、これは誤伝であるという。このうち、同姓同名は四名とされているから、実際の人数は**計二三一名**になるという。

同名簿のうち、五〇歳以上と二〇歳以下、および埋葬場所が記載されている者を選出したものが、**表4の「法伝寺東軍戦死者一覧」**である。年齢不詳者も多いが、確認できる限りで、五〇歳以上は六名（二・六％）、二〇歳以下が三〇名（一三％）であった。

確かに、東軍戦死者は「鳥羽伏見の戦い」のみに限定されたものではなく、以後の越後・東北戊辰戦役などに及んでいることが読み取れる。また、**会津・桑名藩**関係者が中心であることが分かる。現在のところ、僅かに桑名藩四名の子孫の消息が分かっているだけだといわれ、殆どが「無縁仏」となっている。

表4の「埋葬場所」のなかで、**伏見悟真寺**（浄土宗、伏見区榎町）にも、**「戊辰役東軍戦死者埋骨地」碑**（尼講二〇名、大正四年建立）がある。東軍司令**西郷常四郎**・会津藩士**柴宮八三郎**と藩士**九名**、および兵士**五三名**のために建てられたものであった。また、**「戊辰之役東軍戦死者之碑」**（榎本武揚書、明治四〇年建立）も確認できる。

同じく、大坂天王寺の**一心寺**（骨寺、浄土宗、天王寺区逢阪）は、**法然**が**慈円**（天台宗の僧）の要請により一庵を建立し、「荒陵《あらはか》新別所」と称したという。**「大坂冬の陣」**では、**東軍**徳川家康の陣所となり、徳川家とは有縁の寺院であった。現在でも、全国からの納骨が多く、その遺骨を集めて造っ

表４　法伝寺東軍戦死者一覧

氏　名（年齢）	所　　属	戦死月日	戦死場所	埋葬場所等
原源右衛門（58）	会津堀隊	1月5日	鳥羽街道	**大坂天王寺一心寺**
中沢常左衛門（57or52）	会津大砲隊組頭	1月3日	伏見	**伏見悟真寺**
中村藤六（53）	桑名雷神隊軍監	8月23日	会津若松馬喰町	
永峰久次郎（52？）	会津藩士	？	？	
神田一八（50）	会津上田隊	1月4日	伏見	**伏見悟真寺**
中田伝蔵（50）	砲兵隊	1月5日	伏見	
高野一郎左衛門（48）	桑名御用人5月15日	江戸上野	江戸金杉円通寺	
柴宮八三郎（42or43）	会津大砲隊甲士	1月3日	伏見	**伏見悟真寺**
高橋金兵衛（42）	会津白井砲兵隊	1月3日	伏見	**大坂天王寺一心寺**
相馬(沢)芳右衛門(36)	桑名藩	明治2年3月4日	出羽庄内で自殺（9月羽前で負傷）	出羽庄内専念寺
木本左門（34）	会津大砲隊甲士	1月3日	伏見	**大坂天王寺一心寺**
佐々木只三郎（33）	京都見回組頭取	1月8日	紀州紀三井寺（6日八幡関門橋本で負傷）	紀州紀三井寺。後に墓石は会津若松に移転。会津藩士子息で幕臣佐々木家の養子となる
白井五郎太夫（31）	会津大砲隊長番頭	1月5日	淀町の病院（5日横大路村で負傷）	**大坂天王寺一心寺**。墓碑には「旧会津藩番頭砲隊長」とある
有賀竹（武）次郎（29）	会津別選隊	1月3日	伏見	**大坂天王寺一心寺**
山本計(慶)助（28）	会津大砲隊甲士	1月3日	伏見	**大坂天王寺一心寺**
渡辺吉三（太）郎（26）	京都見回組肝煎	1月4日	鳥羽	大坂小山橋寺町心眼寺
黒河内只四郎（23）	会津諸生隊	1月5日	伏見	**大坂天王寺一心寺**
永瀬勇助（20）	会津大砲隊甲士	1月3日	伏見	
大塚寛一（20）	京都見回組	1月5日	鳥羽街道	
高梨儀（克之）助（20）	京都見回組	1月5日	鳥羽街道	
寺橋清五郎（20）	京都見回組	1月5日	鳥羽街道	
佐藤鉦蔵（20）	桑名雷神隊	8月23日	会津若松馬喰町	
久松三郎（20）	桑名雷神隊	9月20日	出羽寒河江（5月越後朝日山で負傷）	

金子覚弥（20）	桑名致人隊	9月20日	出羽寒河江	
長瀬金太（20）	桑名致人隊	9月20日	出羽寒河江	
木村一郎治（20）	桑名致人隊	9月25日？	出羽庄内（5月越後元与板で負傷）	
町田鎌五郎（20）	桑名致人隊軍監助勤	9月30日	出羽寒河江	
伊藤喜三郎（20）	？	？		
池上友治（次）郎（19）	会津林諸生隊	1月3日	伏見	
草刈行衛（19）	会津大砲隊甲士	1月4日	鳥羽	
渋谷繁次郎（19）	会津町田隊	1月6日	八幡関門橋本	
不和専次郎（19）	桑名致人隊	8月4日	福島関門上山	
梅沢宗助（19）	桑名致人隊	9月20日		
渡部四郎八（18）	会津諸生隊	1月5日	淀	
川村八三（五）郎（18）	会津町田隊	1月6日	八幡関門橋本	
松野亀若（18）	？	5月23日	越後元与板領	
村田錬太郎（18）	？	6月13日	越後桑名領北野村	
田中久栄（18）	桑名雷神隊	8月23日	山形（8月会津若松馬喰町で負傷）	
杉村安蔵（18）	桑名雷神隊	9月20日	出羽寒河江（5月越後朝日山で負傷）	
三輪為蔵（18）	桑名致人隊	9月25日	会津（5月越後元与板で負傷）	
中村新八（17）	会津上田隊	1月5日	伏見	
服部武治郎（17）	会津町田隊	1月6日	鳥羽	
三宅厚（17）	桑名雷神隊	5月1日	越後妙法寺村（4月越後鯨波で負傷）	
岡安栄之進（17）	桑名致人隊	9月20日	出羽寒河江	
小寺清澄（雅）（17）	桑名致人隊	9月22日	庄内（8月負傷）	
吉岡盛之助（16）	桑名神風隊（元地組）	8月2日（1月4日）	越後三条三竹村（下鳥羽）	
浅野五郎（16）	桑名致人隊	8月23日	会津若松馬喰町	
窪田専（泉）太郎（備前守）（？）	歩兵奉行	1月4日	鳥羽	駿河清水港の西蓮華寺

※石田（1997）、一坂（2005）をもとに作成。

た、**「骨仏」**（阿弥陀如来像）が安置されていることで有名である。

同寺には、会津藩士の墓が**一三基**あるというが、このうち数基が「鳥羽伏見の戦い」の戦没者であるという。これは表4からも読み取れよう。例えば、同寺に埋葬された同藩士**白井五郎太夫**（五〇〇石）に関しては、次のようにある〔一坂 2005〕。

> なかでも人目をひくのは「旧会津藩番頭砲隊長　白井五郎太夫」の墓である。現在の墓碑は明治三十六七月、息子の白井新太郎が建てたとある。
> （中略）鳥羽伏見の戦いでは一月四日、**大砲隊**を率いて鳥羽街道を進み、勝ちに乗じて攻め入ろうとする長州軍と戦う。この日は別撰隊も合流し、ともに**長州軍**に斬り込んで勝利をおさ

「明治元戊辰年　伏見鳥羽戦役　東軍戦死者埋骨地」碑（悟真寺）

「戊辰之役東軍戦死者之碑」（同上）

中央は「戊辰役東軍戦死者埋骨地」碑、両側は会津藩士の墓碑（悟真寺）

めた。

翌五日も隊を率いて進軍したが、敵弾に当たり負傷。淀の病院で**死去**した。（中略）将を失った**白井隊**はこの日、大阪へと返却したから、その際白井の遺骸も**一心寺**まで運ばれ、埋葬されたのだろう。途中、枚方あたりでは、大阪を目指す負傷兵の姿が多数見られたという日だ。会津側の記録「結草録」には**「白井隊残存兵僅かに二十名」**とある。会津の一砲隊は百三十名くらいだから、事実とすれば**全滅**に近い。

また、伏見の**御香宮《ごこうのみや》神社**（伏見区御香宮門前町）は、かつての「伏見荘の鎮守社」で、「徳川家の産土神」として信仰されたという。「鳥羽伏見の戦い」では、南方の**伏見奉行所**（桃陵市営住宅、伏見区西奉行町）を攻撃する、西軍の拠点となった。同社の東側台地には、**薩軍の砲兵陣地**が置かれていた。なお奉行所跡地は、明治期に軍用地となり、**伏見工兵第十六大隊**の兵営となる。

同社境内には、**「明治維新　伏見の戦跡」碑**（内閣総理大臣佐藤栄作書、建立年月日不詳）が建立されている。その「案内板」には次のようにある〔現地調査、句読点は筆者〕。

（前略）**錦の御旗**に志気を盛り返し、幕軍を淀から更に橋本に撃退し、遂に幕軍は大阪に敗走した。かくて**明治維新の大業**は、**この一戦**に決せられたのである。即ち我国が**近代国家**に進むか進まぬかは、一に繋がつてこの一戦にあつたのである。この意味において、**鳥羽伏見の戦い**は、我が国史上、否世界史上、まことに重大な意味を持つわけである。

また、既述の法伝寺と同様に、同社には**「東軍戦死者名簿」**（**戊辰之役東軍伏見鳥羽淀八幡ニ於テ戦死及殉難者人名簿**）が残されている。内容は、伝法寺の名簿と重複する部分が多いという。

「伏見奉行所跡」碑

「明治維新　伏見の戦跡」碑
（御香宮神社）

一方、官軍となった薩長ら西軍の遺体は、いち早く回収され、墓所や慰霊碑が造られていった。**京都の西軍墓地**（後の**官修墓地**）は**二〇ヵ所**に及んだという。

例えば、「薩摩三寺」の一つであった既述の**東福寺**（東山区本町）は、塔頭二五を有する寺院であった。また長州藩とも有縁で、戦いが始まった正月一日には、**長州軍本陣**が置かれ、薩長の**野戦病院**が設けられたという。

同寺塔頭の**即宗院**は、かつて島津氏の建立によるもので、薩藩は同院に、戊辰戦役の**「東征戦亡之碑」**（西郷隆盛筆）を建てた。そして同碑の傍らには、一列に**五基**の石碑が並び、**五二四名**の戦没者氏名が刻まれているという。もっとも薩藩の**遺骸**は、同じく**相国寺**（上京区今出川通）塔頭の**林光院**に合葬されたという。その墓碑は、**「甲子役　戊辰役　薩藩戦没者墓」**と刻まれ、**七二名**が埋葬されている。

また東福寺には、長藩**四八名**の**「鳥羽伏見戦防長殉難者墓」**が造成され、いわゆる**「防長忠魂碑」**（山県有朋篆額、元奇兵隊長三浦梧楼撰文、大正六年一一月（五十回忌）建立）が建っている。

同地には当初、**二四体**が埋葬され、一名ずつ木の墓標が建てられたが、「三十三回忌」（明治三〇年）にあたり、石碑に建て替えられた。この際、**一四名**の**「戦傷病死者」**が追祀されたという。

例えば、**「石川厚狭介正臣墓」**には、「慶応四年戊辰正月五日於淀堤戦死行年二十二歳」、と刻まれている（石田 1997）。また**「岩国日新隊小者万蔵墓」**には、「正月六日於八幡戦場為銃丸中而死行年十九歳」とある（前同）。

さらに、長藩戦没者の功績を刻んだ、「崇忠之碑」（建立年月日不詳）も建立されている。その碑文（藤原芳樹誌）には、

明治元年正月の戦いにいたくはたらきて深草の露と消え淀川の泡と失にし健夫等が墓所を此の所とさだめ籬根木根払ひ清めて亡魂を招祭するは（中略）かく朝廷よりの御幣を給ひ　公より手向をうくるは身の後の栄えにあらずや

と記されている〔石田 1997〕。

西軍の「健夫等」は、朝廷のために「賊」と戦い、「清き名」を残した人々として、後世にまで称賛される存在であると述べている。幕府ではなく、朝廷・天皇のために戦うことが、何よりも「名誉」なことであるという、近代の新たな価値観が醸成されていった。

十　京都霊山招魂社と殉難戦没者

戊辰戦役開始から約四ヵ月後の、慶応四（一八六八）年三月二八日、新政府は**「神仏判然令」**を発し、従来の**「神仏混淆」（神仏習合）**が禁止されて、以後、全国各地で**「廃仏毀釈《はいぶつきしゃく》」**が展開されていく。

その発端は同四月、「近江国一の宮」で比叡山を中心とする地主神たる、**日吉山王社（日吉大社、**後の官幣大社、滋賀県大津市坂本）から始まった。神社側は、社殿にあった仏像・経巻・仏具類を外に投げ出したのである。これはやがて全国に広り、全寺院の半数が廃寺になっていくという。こうした仏教界の混乱をよそに、新政府は**「国家神道」**の確立に向けて、強引に歩み出した。日本の**「民族（俗）宗教」**たる神社を以て、従来の寺院に取って代わらせようとした。

四月一一日、**「江戸無血開城」**により、江戸城下は薩長ら西軍の支配下に入った。翌閏四月には、「天地神明」に誓うという形で発表された、**「五カ条の誓文」**を冒頭に掲げた**「政体書」**が発布された。新政府の官僚体制が形成されていくのである。また、神職の葬儀は**「神葬式」**に改められた。

ただし、東日本での戊辰戦役は進行中で、翌五月には東軍の軍事同盟たる、**「奥羽越列藩同盟」**が結成され、東北地方では既述の会津戊辰戦役に向けて、西軍との戦役が本格化していく。

こうしたなかで五月一〇日、**太政官**は「**癸丑《きちゅう》以来殉難者ノ霊ヲ京都東山ニ祭祀スル件**」を布告した。「癸丑」とは、**ペリー**が**浦賀**に来航した嘉永六（一八五三）年のことで、この布告は左記のような内容であった〔村上1974、ひらがなは片仮名に変換〕。

（前略）専ラ旧幕府ノ失職ヲ憤怒シ、**死**ヲ以テ哀訴、（中略）**竟ニ身命ヲ抛チ候者**、（中略）其ノ志実ニ嘉尚スベシ、（中略）之ニ依リ其志操ヲ天下ニ表シ、其**忠魂**ヲ慰メラレ度、今般東山佳域ニ**祠宇**ヲ設ケ、右等ノ**霊魂**ヲ永ク**合祀**致サルベキ旨仰出サレ候

この布告は、嘉永六年六月のペリー来航以来、苛烈な政争で落命した「**忠死者**」を、**豊臣秀吉**や**楠木正成**に続いて慰霊顕彰し、京都東山に「**カミ**」として祀ることで、「**現人神《あらひとがみ》**」たる天皇や国家の殉難者として、位置づけることにあった。

正成に関しては、既述の通りである。また秀吉については、**家康**（徳川幕府・**東軍**）の対抗勢力であり、薩長（外様大名）らの新政府軍は、自らを**秀吉**（関ヶ原の豊臣方・**西軍**）と重ね合わせ、その復権を図っていったのである。すでに慶応四年閏四月、太政官は秀吉を祭神とする、**豊国神社《とよくに（ほうこく）》**（後の別格官幣社、京都市東山区）の再建を布告していた。　また五月一〇日、太政官は別に布告を発して、継続中の戊辰戦役における**官軍**（**西軍**）**戦没者**を東山に合祀し、官軍・各藩が同様の招魂と祭祀の措置をとるように命じた。実際に進行中の内戦で「**忠奮戦死**」した者に対しては、**天皇**がその死を

「深く不憫」に思うとの仁慈を表明し、それが合祀の理由とされたのである。

さらに同二四日には、「戊午」（安政五年）の**「安政の大獄」**以降の、「朝命ヲ奉ジ奮戦死亡ノ輩」の合祀が行われるとして、太政官から各藩に対して、「兵士死亡ノ月日、姓名等」を、神祇官に届け出るよう下命した。

一方、同二五日には、京都の**河東《かわひがし》操練所（練兵場）**で、盛大な**「楠公祭」**が挙行された。太政官は楠公祭を、天皇とその新政権への忠誠心の発揚に活用する方針で、一般民衆の参加も自由とした。同所には「神座」が設けられ、神式の祭典が執行されたのである。既述のように、「楠公祭」と「戦没者慰霊」とは密接に絡まっていく。

こうした布告から、新政府には「ペリー来航以降」、「安政の大獄以降」、そして「戊辰戦役」の三局面について、**国事殉難戦没者**を合祀する構想があったことが窺えよう。

この間、五月一五日には、**江戸**で**「戊辰上野の戦い」**がおったが、上野山内の**東軍彰義隊**三〇〇〇名（異説あり）は、一日で西軍に敗北した。彰義隊戦没者は**二六〇余名**（異説あり）であった。これにより、**芝増上寺**（浄土宗関東大本山、港区芝公園）と共に「将軍家の菩提寺」で、江戸城の**「鬼門」**を護る**上野寛永寺**（天台宗大本山、台東区上野桜木）は、焼失している。また、靖国神社の**大村銅像**は、今でも双眼鏡を片手に、「上野の彰義隊」に睨みをきかせているのである。

ところで**京都東山**とは、東山連峰のほぼ中央に位置する**霊山《りょうぜん》**のことで、正しくは霊鷲山《りょうじゅせん》と称された。村上重良によれば、同地は幕末には**「志士の墓所」**として広く知られており、それは文政年間に創設された、**吉田神道**流の葬祭施設たる**「霊明舎《れいめい》（社）」**（敷地は約一九〇〇坪）の墓地にあったという。また、同地は**正法寺**（日蓮宗）の所有地で、その地名は、「法華経」が説かれたとされるインドの霊鷲山に由来していた。

そもそも江戸幕府は、**キリシタン禁圧**のため**寺請制度**を設け、武士の葬儀も**「仏葬」（仏式）**と定めていた。しかし「幕末の志士」「勤王の志士」たちはこれを嫌い、**「神葬」（神式）**を望む傾向が強かったという。したがって京都霊山の地には、薩摩・長州・土佐など各藩の死者が**埋葬**されていった。そして既述の**寺田屋事件**後の、文久二（一八六二）年一二月二四日には、天皇方の国事殉難者の**最初の「全国的な招魂祭」**が、六六名の参集により、霊明舎で執行された。

上野彰義隊墓所
（東京・上野公園）

神葬祭が幕府の規制から解放され、全神職とその家族にまで及ぶのは、慶応四年閏四月からである。そして西軍支配下の**江戸城**では、同六月二日、西の丸大広間に**「神鏡」**が安置され、征討大総督の有栖川宮熾仁親王により、**西軍の「招魂祭」**が執行された。

これは江戸での「最初の招魂祭」と思われ、「今般

霊山招魂社
（京都霊山護国神社境内）

両野総房武奥州数個所ニテ**戦死**致シ候輩」を、慰霊顕彰するものであった。時はまだ、戊辰の内戦が進行中であり、それまでの関東・東北地域の西軍戦没者を合祀したものであろう。

この時の祭文では、自軍（西軍）を「**皇御軍**《すめらみいくさ》」、旧幕府軍（東軍）を「**道不知醜**《みちしらぬしこ》**の奴**」と呼んでいた。つまり東軍戦没者は、「愚かでけがらわしいやつら」とされ、慰霊顕彰の対象から完全に排除されていることに留意したい。そしてこの招魂祭が、西軍戦没者のみを祀る、**九段**の**東京招魂社**（遺骨なし、後の**靖国神社**）の創建（明治二年六月）に繋がっていくと考えられよう。この際安置された「神鏡」は、同社の「**神体**」となった。ちなみに、歴代天皇が受け継ぐ「**三種の神器**」は、「鏡・剣・曲玉」であった。

京都では、慶応三年一一月一五日、土佐藩の**坂本龍馬**（三三歳）と**中岡慎太郎**（三〇歳）が、京都河原町の**近江屋**（中京区河原町通蛸薬師下ル）で**暗殺**されている。両者の遺体は霊山に埋葬（土葬）

された。この二日後の埋葬・葬儀に関しては、

十七日夜、**藩命**により、**海援・陸援の両隊**及び諸藩の志士等、**遺骸**を護って之を東山鷲尾に**かくし葬りぬ**

坂本龍馬（中央）と中岡慎太郎（右）の墓碑
（京都霊山護国神社）

右から高杉晋作・来島又兵衛・久坂義助（玄瑞）・寺島忠三郎・入江九一の墓
（同上）

霊山の墓碑

京都霊山護国神社

と記録されているという〔一坂 2005〕。

夜中に、ひっそりと**「神葬祭」**が執行されたようだが、長州の**桂小五郎書**の木柱墓碑が建てられ、墓前には**鳥居**が建立された。両者は「ホトケ」ではなく、「カミ」として祀られた。同地は新政府によって、戦没者慰霊施設の本拠地と目されていく。

「横死」した将兵の**「忠敢義烈」**は、それに続き戦っている将兵への手本となるべきものであった。そして、この東山に建立された祠宇が、**京都霊山招魂社**（**霊山官祭招魂社**、遺骨あり）の起源であり、後の**京都霊山護国神社**（通称は**京都神社**、東山区清閑寺霊山町）である。

この霊山を含む京都各地には、**招魂社**（**招魂場**）が建立されていった。**表5**は**「京都での招魂社**

靖国神社の「元宮」（旧招魂社）

山口藩招魂社
（京都霊山護国神社）

建立一覧」である。**合計一七社**であるが、**石州津和野藩**（外様四万三〇〇〇石、城址は島根県鹿足郡津和野町）・**山口藩（長州藩）**を始めとして、各諸藩等による招魂社建立が読み取れよう。とくに長州藩は、幕末から戦没者の招魂祭を盛んに実施してきた典型的な藩であった。同表での合計祭神数は**一一一一柱**であるが、殉難戦没者は霊山官祭招魂社を中心に、各藩等において、**重層的**に祀られ

熊本藩招魂社
（京都霊山護国神社）

水戸藩招魂社
（同上）

表５　京都での招魂社（場）建立一覧

名　称（祭神数）	建立年月日	建立者	所在地	備　　考
東山祇園社の小祠（64）	文久３年７月	**石州津和野藩**の多胡真強・福羽美静ら10名	東山祇園社（後の八坂神社）	三条実万・徳川斉昭など「安政の大獄」の殉難者を祀る。その後に京都の福羽邸内に移転。さらに**靖国神社**境内に移転され**「元宮」（旧招魂社）**となる
山口藩招魂社（9）	慶応４年３月	山口藩主毛利中将	伏見深草車坂	招魂碑
山口藩招魂社（216）	慶応４年７月	同　　上	**東山霊山**	本殿・拝殿
（磐城）平藩招魂社（3）	明治１年12月	平藩士新井一業ら６名	泉涌寺塔中・戒光寺	招魂碑
徴兵七番隊招魂社（9）	明治２年２月	徴兵七番隊小島一郎	**東山霊山**	招魂碑
京都（府）招魂社（73）	明治２年３月	京都府	**東山霊山**	本殿
埜崎招魂社（？）	明治２年３月	沢宣嘉	**東山霊山**	招魂碑
（向州）佐土原藩招魂社（49）	明治２年６月	佐土原藩主島津忠寛	東山大雲院	招魂碑
久留米藩招魂社（14）	明治２年７月	久留米藩	**東山霊山**	木柱
高知藩招魂社（25）	明治２年９月	高知藩	霊山下桝屋町	本殿
鹿児島藩招魂社（445）	明治２年	鹿児島藩主島津中将	東福寺龍吟庵山	招魂碑・供物所
福岡藩招魂社（127）	明治３年３月	福岡藩主黒田長溥	**東山霊山**	本殿・拝殿。境内38坪。平野次郎国臣を始め福岡藩出身の勤皇志士を祭神とする。明治３年７月、久留米藩の真木泉他13柱を合祀
熊本藩招魂社（18）	明治３年３月（9月とも）	熊本藩主細川韶邦	**東山霊山**	本殿・拝殿。境内32坪余。宮部鼎蔵・横井小楠らを祭神とする
鳥取藩招魂社（80）	明治３年６月	鳥取藩主池田中納言	**東山霊山**	本殿・拝殿。境内32坪。昭和44年５月再建
岐阜県招魂場（？）	明治３年	梁川星巌門人	**東山霊山**	美濃出身の梁川は梅田雲浜（小浜藩士）らと共に尊攘派。梁川の碑を起源とし、その後、戊辰戦役戦没者らの碑を建立。
高知藩招魂社（？）	？	高知藩	**東山霊山**	招魂碑
水戸藩招魂社（？）	？	水戸藩	**東山霊山**	招魂碑

※「招魂社一覧」〔森谷 1994〕、村上（1974）、國學院大學（2013）および現地調査により作成。

ているのであろう。

白川哲夫によれば、明治に入り霊山の祭祀主体としての藩が消滅した後は、新たに**養正社**という祭祀団体が発足したという。**「禁門の変」**から「十三回忌」にあたる明治九年、京都府知事の**槇村正直**（後の貴族院議員）と参議の**木戸孝允**（明治一〇年没、四五歳）ら、**長州系政治家**の主唱によるものであった。とくに木戸は、かねてから**「殉難者」**たる同志への思い入れが強く、自らの死の直前には、霊山に埋葬されることを望み、同地に**墓碑**が建立されている（山口市に木戸神社）。

「内閣顧問勲一等贈正二位木戸孝允墓」
（京都霊山護国神社）

さらに、三年後の明治一二年には、同社境内に**「表忠碑」**（**霊山表忠碑**、有栖川宮熾仁親王書）が建立された。以後、同碑前で招魂社の祭典が実施され、霊山の中心的施設として役割を果たしていくという。

霊山官祭招魂社の祭神数は、当初は**五四九柱**で、墓碑（合葬墓招魂碑を含む）は**三八六名**分になるという。その後、明治四一年までに祭神数は**一三五八柱**に達した。そして、現在の京都霊山護国神社の祭神数は、新たな「忠魂」たる**「近代の対外戦争戦没者」**が加わり、**七万三〇〇〇余柱**とされている。同社は**「地方の靖国」「京都の靖国」**と位置づけられよう。

対外戦争戦没者の慰霊顕彰碑
（京都霊山護国神社）

十一　むすび

「鳥羽伏見の戦い」以降の、会津戊辰戦役等の殉難戦没者に関しては、すでに拙著（2005、2013）等で言及しているが、今後改めて別稿で検討するつもりである。

例えば**水戸藩**では、慶応四年も混乱の渦中にあった。水戸城下は**門閥派（諸生党）**が支配していたが、その支配権を巡り、同三～六月には、城下で門閥派に対する**暗殺事件**が多発するという。とくに五月以降は、城下だけではなく藩内諸村でも、**武田金次郎**らの一党による**「天誅」**、つまり報復行為がおこった。

金次郎は、天狗党の武田耕雲斎の孫で、祖父耕雲斎や父**彦衛門**と共に越前で降伏した。しかし若年（一七歳）であったため、死罪を免れ**遠島処分**となったが（実際は小浜藩預け）、四年後の慶応四年二月に釈放された。したがって、斬首された祖父・父や一族に関して、「積年の恨み」を晴らそうとしたのである。

慶応四年三月一〇日、反門閥派が大挙して水戸城中に侵入したため、**諸生党**の**市川三左衛門**・**朝比奈弥太郎**ら五〇〇余名（市川勢）は、水戸を脱して**会津**に向かった。その後、東軍の一員として越後・会津方面で転戦することになる。これに対して、この**市川勢**を追撃するため、水戸藩からは一〇〇〇余名の追討軍が、直ちに送り込まれた。

時の藩主**慶篤**（三七歳）は重病であったが、同三月二一日、諸生党追討の**「五奸厳罰」**の勅書を持して水戸に入った。しかし翌四月五日、水戸城にて病没する。ただし、その死は暫く秘されたという。このように同藩は依然として、藩内を二分する、深刻な内紛・混乱状態に陥っていたのであが、同藩は「賊軍を追う官軍」という体制になった。

「奸徒」とされた市川勢を受け入れた**会津藩**では、三月に軍制改革を実施し、**少年白虎隊**も編成された。そして藩主**容保**は、鳥羽伏見での戦いから四ヵ月余後の同閏四月一五日、西軍への抗戦を宣言したという。既述の市川勢が、当初参戦した**「北越（越後）戊辰戦役」**は、五月初旬に、東軍の**「奥羽越列藩同盟」**が結成されたことで、戦火が拡大していくことになる。

「水戸藩諸生党　鎮魂碑」
（「鶴ヶ城防戦に来援勇戦した水戸藩兵などの供養」とある。会津若松市・飯盛山）

とくに港町**新潟**（新潟市）は、越後における戦略上の要衝であり、**東軍**の管轄下にあったが、これを海から上陸した**西軍**が攻撃した。その攻防戦は慶応四年七月下旬のことで、西軍は新潟を占領し、八月には越後をその支配下に組み入れた。また八月には、既述の武田金次郎を隊長とする先鋒隊も、市川勢追討のため水戸から越後方面に出発している。

翌九月八日、「**会津戊辰戦役**」の激戦の最中に「**明治**」と改元し、「**一世一元の制**」が定まった。そして「**会津落城**」後の一〇月一三日、**明治天皇**は東京に入り、江戸城を「**東京城**」と改称し、ここを「**皇居**」としたのである。

北越戊辰戦役での会津藩戦没者は**二一七名**、水戸藩（諸生党）戦没者は**一六九名**とされている。なお、諸生党の**市川**は、改名して東京に潜伏するが、明治二年二月、水戸の捕吏に捕らえられ、四月には生晒しの上、**逆磔**《さかばりつけ》に処せられたという（墓は水戸祇園寺、朝比奈の墓も同様）。

また明治元年九月二八日、天皇は「武蔵国一の宮」たる、**大宮**の**氷川神社**（後の官幣大社、埼玉県さいたま市）に赴き、左記の勅書を下した〔村上 1974、ひらがなは片仮名に変換〕。

> （前略）更始ノ秋、新タニ**東京**ヲ置キ、親臨シテ政ヲ視ル。（中略）以テ**祭政一致**ノ道ヲ復セントス。乃チ武蔵国大宮駅氷川神社ヲ以テ、当国ノ**鎮守**ト為シ、**親カラ幸シテ之ヲ祀ル**。今ヨリ以後、歳ニ**奉幣使**ヲ遣シ、以テ永例ト為ス。明治元年戊辰十月。

これによれば、**「天皇親政」**により、古代の「祭政一致」の政治を復活させることが、宣言されている。もともと氷川神社は、**源平両氏**による崇敬も顕著で、**江戸幕府**も朱印地三〇〇石を与え、社殿を造営していた。ここに同社は、新たに「武蔵国の鎮守」と定められ、天皇の勅使により例祭に幣帛が与えられる、近代最初の**「勅祭社」**となった。つまり「勅使参向の神社」である。これには、関東における民心の慰撫収攬を図る狙いがあった。

さらに翌一一月、東京府内の**日枝神社**（後の官幣大社）・**神田神社**（**神田明神**、後の府社）他、一二社を**「准勅祭社」**とした。また天皇は京都で一二月、父**孝明天皇**の**三回忌**を、従来の仏式を廃して**神式**で営んだという。このように**皇室祭祀**も、仏式から神式に移行していくのである。

既述の越後では同一〇月、港町新潟の**常磐ヶ丘**（**常磐岡**、新潟市中央区旭町、旧新潟大学本部跡地）に、**西軍墓地**が設営された。同町攻防戦等での西軍戦没者が埋葬され、同地内に**祠宇**が建立されて、**四一八名**（異説あり）が祀られたという。これが**新潟招魂社**（**場**）で、同八年に**官祭新潟招魂社**となる。つまり、現在の**新潟県護国神社**（祭神数は**七万九七〇〇余柱**、新潟市中央区西船見町）の起源で、西軍祭神は現在、**五四二柱**とされている。

同社は、靖国神社の地方分社（末社）であり、「地方の靖国」**「新潟の靖国」**であった。同社境内には現在、**「戊辰役殉難者墓苑」**（**戊辰霊苑**）があり、西軍各藩の慰霊碑等が建立されている。既述の常磐ヶ丘の墓地を移転したもので、新潟県内では最大級の西軍墓地といわれている。同地は、京都霊山護国神社と同様に、当初は遺体を埋葬した**招魂墳墓**であった。

新潟県護国神社

戊辰役殉難者墓苑（戊辰霊苑）

一方、新潟県には、「東軍戦没者の墓碑」は殆ど確認できないといわれている。東軍は「朝敵・賊軍」の故を以て、近代史の闇の中に忘却されていったのである。

ところで昭和六〇年に、**旧新潟大学本部跡地**から、**東軍**の者と思われる**九二体の遺骨**が発見され、これも戊辰墓苑に埋葬されたという。そして、同地に**「戊辰役東軍慰霊碑」**が建立（昭和六三〔戊辰〕

年一一月五日）された。西軍墓地に、東軍戦没者が埋葬されることは極めて異例のことで、特記されよう。ここでは「官賊」共に、**「カミ」**として祀られているのである。

新政府は明治五年二月、**兵部省**を廃止し、新たに**陸軍・海軍両省**を設置して、**東京招魂社**は両省の共同所管となる（翌六年に別格官幣社靖国神社と改称）。そして四月には、既述のように、**楠木正成**の戦没地たる兵庫湊川に、最初の**「別格官幣社」**たる**湊川神社**を創建し、正成が国家により「カミ」として正式に祀られた。「別格官幣社」とは、**天皇の「臣下」**を**祭神**とする新規創建の神社と

戊辰霊苑

「大洲藩船殉難者慰霊」碑
（戊辰霊苑）

「戊辰役東軍慰霊碑」
（戊辰霊苑）

理解できよう。

既述の光圀以来の、楠公崇拝の本流を自負する**水戸藩**では、湊川神社創建前に、社壇の一手造営を二度願い出ていたというが、これは叶わなかった。そして造営資金として、**天皇**から三〇〇〇両が下賜されたというが、**兵庫県**は、総額二万四〇〇〇両の巨費を投じている。

さらに、同社創建の翌六年には、東京に同社「**遙拝所**」の設置が請願されたというが、これは実現せず、東京矢ノ倉町（中央区東日本橋）に**楠社**が建立されたという。そして「天皇守護」の趣旨に則り、「**住友財閥**」の**住友友純**《ともいと》（**十五代住友吉左衛門**、兄は西園寺公望）は同三三年七月、**皇居**内に「**楠木銅像**」（高村光雲作）を献上（除幕）した。その銅像は、後醍醐天皇を兵庫に迎え、先駆けとして京に入る正成の姿であるという。友純は同財閥を、三井・三菱に次ぐ大財閥に発展させたのである。

本来ならば、「維新随一の功臣」たる、**西郷隆盛銅像**（陸軍大将の軍装で騎馬像）が皇居に建立される予定であったが、西郷は「賊軍・賊徒」となってしまったため、不許可となった。したがって皇居ではなく、西郷が官軍として彰義隊と戦った、**上野公園**に建立（除幕、明治三一年一二月）された。その銅像は、軍服ではなく、兵児帯を締めた「兎狩りの姿」といわれている。

一方、水戸では、「日本の三大庭園」の一つとなる、**「偕楽園」**の**好文亭**内の**祠堂**に明治四年、旧藩士らが**光圀**（**義公**）・**斉昭**（**烈公**）の**両像**を祀ったという。同園は斉昭により造成されたものであった。そして翌五年には、両公を**祭神**として、この祠堂を神社にする運動が始まり、六年三月二七日、**常磐**《ときわ》**神社**の号が許可され、七月には県社となる。

楠木銅像
（皇居）

西郷銅像
（上野公園）

常磐神社

そこで、社地を偕楽園内の東側の**現在地**（約九〇〇〇坪、水戸市常磐町）に定め、七年五月一二日、新社殿への遷座式が執行された。例祭日は五月一二日となる。また六年七月には、同社境内以外の、偕楽園と**「桜山」**が合して公園と定められ、後の**「常磐公園」**となった。

常磐神社の遷宮後、**水戸**の嘉永以来の国事殉難戦没者を祀る、**招魂社**を創建しようという気運が高まったという。そして、明治一〇年末に同社社殿が完成する前に、九州では「最大の不平士族の反乱」たる、**西南戦役（丁丑戦役）**が一月末に勃発した。「維新随一の功臣」とされていた、薩摩の**西郷隆盛**を首領とする反乱であったため、政府内を激震させたのである。

茨城県下の**士族**からは、**警視庁巡査（官軍）**として**五五〇余名**が応募したという。同戦役で、官軍と**薩軍**（賊軍）は、各**約七〇〇〇名**の戦没者を出している。水戸出身の戦没者も多かった。**東京青山墓地**（港区青山）には、とくに**「警視庁墓地」**が造成され、官軍戦没者が埋葬された。

水戸での招魂社創建は、西南戦役後の一〇年一二月二七日であったが、同年には、**水戸城址**が陸

軍省の管轄となった。翌一一年二月九日には、招魂祭が執行され、同社は**鎮霊社**と称され、常磐神社の末社となった。その祭神数は、「桜田烈士」などの、戊辰戦役までの殉難戦没者**一八五四柱**・西南戦役関係戦没者**三九六柱**、**計二二五〇柱**であった。西南戦役関係戦没者は、茨城県内の戦没者数と考えられる。そして常磐神社は、一五年一二月に別格官幣社に昇格している。

東京青山の「警視庁墓地」

鎮霊社は、昭和一四年四月に**鎮霊護国神社**と改称するが、翌一五年は**「皇紀（紀元）二千六百年」**の年であった。そして一五年四月には、新たな護国神社の造営が企画され、一〇万名を動員した第一回目の奉仕作業が開始される。こうして、**緑岡村桜山**に新社殿が完成し、**四二〇六柱の「英霊」**を旧社殿から遷座したのは、一六年一一月六日であった。翌一七年四月の「春の例祭」には、六〇〇〇名の遺族が参列したという。これが、現在の**茨城県護国神社**（祭神数は**約六万三五〇〇柱**、水戸市見川）である。同護国神社も、「地方の靖国」**「茨城の靖国」**であった。

また、「二千六百年」記念事業として一五年二月、水戸市会は**藤田東湖**を祭神とする、東湖神社創建への賛助を可決した。そして三年後の一八年五月四日、常磐神社の摂社として、**東湖神社**が創建され、鎮座祭が執行される。その場所は、かつての鎮霊社の境内であった。

東湖神社

　このように**旧藩レベル**では、近代において、**旧藩主を「カミ」に祀る祭祀**と、**殉難戦没者の祭祀**とは、密接に関連しているのである。

　高野信治は、**吉田松陰**に関して興味深い言及をしている。それは松陰が安政六年四月、**萩の野山獄**から**妹千代**に宛てた手紙であった。その文面（高野訳）は、左記の通りである〔高野 2022〕。

人が死なないということを身近な例で言えば、仏教を開いた**釈迦**や儒教の祖とされる**孔子**は死ぬことなく今日まで生きているので、人びとは尊敬してありがたがり、畏怖もする。してみれば釈迦も孔子も死んでいるとは言えないのではないか。鎌倉幕府が倒れたあとの南北朝の内乱のなか、後醍醐天皇方（南朝方）として湊川の合戦で戦死した**楠木正成**、吉良義央を討ち主君・浅野長矩の仇をとるも幕府から死を命じられた**大石良雄**、彼らも刃物で命を失ったものの、**今**

でも生きており、釈迦・孔子同様に**尊敬**されている。

このように、松陰が挙げた四名は、死んでも生き続けているとされた。既述のように、とくに正成は「七生報国」を誓ったとされている。彼らは特別な思いを抱きながら、「横死」「非業の死」を遂げた者であり、その意味では、天寿を全うした人間を超越している存在といえよう。

こうした松陰の思想にしても、あるいは既述の平田篤胤の「御国の御民」思想にしても、これらは絡み合いながら、とくに**天皇方の国事殉難戦没者**の位置づけに大きく影響したのである。

そして、明治以降の**国家神道政策**を基盤としながら、国家は彼らを「**ホトケ**」ではなく、靖国・神社祭祀を中心として「**カミ**」として祀ろうとした。その祭祀形態は、すでに「**靖国ピラミッド**」として提示した通りである。「**常民文化**」において、他の事例に関しても、検証されていかなければならないだろう。

〔**参考文献**〕

会津史学会編、2009『新訂　会津歴史年表』歴史春秋社。

赤澤史朗、2015『戦没者合祀と靖国神社』吉川弘文館。

朝尾直弘他編、2005『角川　新版　日本史辞典』角川書店。

朝日新聞、1996a「自分と出会う　森岡清美（社会学者）」（九月一七日付、夕刊）。

朝日新聞、1996b「青鉛筆」（一一月二四日付）。

朝日新聞、2001「靖国と慰霊　森岡清美さんと　読者が考える」（八月六日付、夕刊）。

朝日新聞、2009「ニッポン人・脈・記　お殿様は　いま[1]」（九月一五日付、夕刊）。

朝日新聞、2015「近づく靖国と自衛官」（二月一八日付、西本　秀）。

朝日新聞、2018「戊辰の敗者をたどって3」（一〇月二五日付、夕刊、刀祢館正明）。

朝日新聞、2022「現場へ！　浮沈する思想　本質探りに　水戸学の道[1]」（八月二二日付、夕刊、藤生　明）。

朝日新聞、2022「現場へ！　戦前　世情不安の中ブーム　水戸学の道[2]」（八月二三日付、夕刊、藤生　明）。

阿部隆一編、2014『季刊　会津神群像』二八号、歴史春秋社。

新井勝紘・一ノ瀬俊也編、2003『国立歴史民俗博物館研究報告—慰霊と墓—』一〇二集、国立歴史民俗博物館（歴博）。

荒川章二編、2015『地域のなかの軍隊2　関東　軍都としての帝都』吉川弘文館。

粟津賢太、2017『記憶と追悼の宗教社会学―戦死者祭祀の成立と変容―』北海道大学出版会。

粟津賢太、2022「なぜ私たちは黙禱するのか？―近代日本における黙禱儀礼の成立と変容―」西村編『シリーズ戦争と社会　5』岩波書店。

井ヶ田良治・原田久美子編、1993『京都府の百年』山川出版社。

石田孝喜、1997『幕末維新京都史跡事典　新装版』新人物往来社。

石原征明、2003『ぐんまの昭和史（上）』みやま文庫。

磯岡哲也、1999『宗教的信念体系の伝播と変容』学文社。

磯岡哲也・弓山達也、2016「近代化と日本の宗教」井上順孝編『宗教社会学を学ぶ人のために』世界思想社。

板橋春夫、2007『誕生と死の民俗』吉川弘文館。

板橋春夫、2022『産屋の民俗』岩田書院。

一坂太郎、2004『幕末歴史散歩　東京篇』中公新書。

一坂太郎、2005『幕末歴史散歩　京阪神篇』中公新書。

一ノ瀬俊也、2004『近代日本の徴兵制と社会』吉川弘文館。

伊藤純郎、2021『満蒙開拓青少年義勇軍物語―「鍬の戦士」の素顔―』信濃毎日新聞社。

伊藤純郎編、2008『フィールドワーク　茨城県の戦争遺跡』平和文化。

伊藤智永、2009『奇をてらわず―陸軍省高級副官美山要蔵の昭和―』講談社。

伊藤智永、2016『靖国と千鳥ヶ淵―A級戦犯合祀の黒幕にされた男―』講談社。

伊藤智永、2016『忘却された支配―日本のなかの植民地朝鮮―』岩波書店。

伊藤智永、2019『「平成の天皇」論』講談社現代新書。

茨城県歴史散歩研究会編、1985『新版　茨城県の歴史散歩』山川出版社。

今井昭彦、2002「幕末における会津藩士の殉難とその埋葬―会津戦争を事例として―」歴博監修『人類にとって戦いとは　5　イデオロギーの文化装置』東洋書林。

今井昭彦、2004「国家が祀らなかった戦死者―白虎隊士の事例から―」国際宗教研究所編（井上・島薗監修）『新しい追悼施設は必要か』ぺりかん社。

今井昭彦、2005『近代日本と戦死者祭祀』東洋書林。

今井昭彦、2010「近代日本における『賊軍』戦死者の祭祀―会津戊辰戦役を事例として―」國學院大學研究開発推進センター編『霊魂・慰霊・顕彰―死者への記憶装置―』錦正社。

今井昭彦、2013『反政府軍戦没者の慰霊』御茶の水書房。

今井昭彦、2014「近代会津の復権と戦没者慰霊」阿部編『季刊　会津人群像』二八号、歴史春秋社。

今井昭彦、2015「人神信仰と戦没者慰霊の成立」島薗他編『シリーズ日本人と宗教３　生と死』春秋社。

今井昭彦、2015「戦没者慰霊の現状と課題―群馬県の事例をもとに―」『群馬文化』三二三号、群馬県地域文化研究協議会。

今井昭彦、2018『対外戦争戦没者の慰霊―敗戦までの展開―』御茶の水書房。

今井昭彦、2020『近代群馬と戦没者慰霊』御茶の水書房。

今井昭彦、2021『近代日本と高崎陸軍埋葬地』御茶の水書房。

今井昭彦、2021「軍祭祀」松永他編『郷土史大系　領域の歴史と国際関係（下）―近現代―』朝倉書店。

今井昭彦、2021「「北鎮都市」札幌と戦没者慰霊―護国神社の成立まで―」御茶の水書房。

今井廣亀、1977『下諏訪の歴史』下諏訪町立博物館。

岩波書店編集部編、1991『近代日本総合年表　第三版』岩波書店。

岩根承成、2004『群馬事件の構造―上毛の自由民権運動―』上毛新聞社。

岩根承成編著、2008『群馬と戦争―古代～近代の群馬と民衆―』みやま文庫。

丑木幸男、2008『群馬県兵士のみた日露戦争』みやま文庫。

内田　満、2007「秩父困民党と武器（得物）」森田武教授退官記念会編『近世・近代日本社会の展開と社会諸科学の現在』新泉社。

内田　満、2017『一揆の作法と竹槍席旗』埼玉新聞社。

遠藤由起子、2008『近代開拓村と神社―旧会津藩士及び屯田兵の帰属意識の変遷―』御茶の水書房。

大江志乃夫、1984『靖国神社』岩波新書。

大阪府の歴史散歩編集委員会編、2007『大阪府の歴史散　上　大阪市・豊能・三島』山川出版社。

太田市、1992『太田市史　通史編　近世』太田市。

大谷栄一、2004「靖国神社と千鳥ヶ淵戦没者墓苑の歴史―戦没者の位置づけをめぐって―」国際宗教研究所編（井上・島薗監修）『新しい追悼施設は必要か』ぺりかん社。

大谷栄一、2019『日蓮主義とはなんだったのか―近代日本の思想水脈―』講談社。

大谷栄一、2020『近代仏教というメディア―出版と社会活動―』ぺりかん社。

大谷栄一他編、2018『日本宗教史のキーワード―近代主義を超えて―』慶應義塾大学出版会。

大原康男、1984『忠魂碑の研究』暁書房。

小川直之、1996『歴史民俗論ノート』岩田書院。

小田康徳、2022『軍隊と戦争の記憶―旧大阪真田山陸軍墓地、保存への道―』阿吽社。

小田康徳編著、2019『旧真田山陸軍墓地、墓標との対話』阿吽社。

小田康徳・横山篤夫他編著、2006『陸軍墓地がかたる日本の戦争』ミネルヴァ書房。

小田部雄次、2016『大元帥と皇族軍人　明治編』吉川弘文館。

落合延孝、1996『猫絵の殿様―領主のフォークロア―』吉川弘文館。

落合延孝、2006『幕末民衆の情報社会―風説留が語るもの―』有志舎。

落合延孝、2015『幕末維新を生きた人々』みやま文庫。

小野泰博他編、1985『日本宗教事典』弘文堂。

小野芳朗・本康宏史他編、2021『図説　大名庭園の近代』思文閣出版。

籠谷次郎、1994『近代日本における教育と国家の思想』阿吽社。

笠原一男・安田元久編、1972『日本史小年表』山川出版社。

笠原英彦、2006『明治天皇』中公新書。

川又俊則、2002『ライフヒストリー研究の基礎』創風社。

川村邦光、2007『越境する近代1　聖戦のイコノグラフィ―天皇と兵士・戦死者の図像・表象―』

青弓社。

菊地　明・伊東成郎編、1998『戊辰戦争全史　上』新人物往来社。

菊地　明・伊東成郎編、1998『戊辰戦争全史　下』新人物往来社。

木下直之監修、2011『東京の銅像を歩く』祥伝社。

京都霊山護国神社、「京都霊山護国神社由緒記」（発行年月日不詳）。

熊谷苑子、2021『有賀喜左衛門』東信堂。

熊倉浩靖、2016『上毛三碑を読む』雄山閣。

栗田尚弥、2020『キャンプ座間と相模総合補給廠』有隣新書。

群馬県高等学校教育研究会歴史部会編、1990『新版　群馬県の歴史散歩』山川出版社。

群馬県高等学校教育研究会歴史部会編、2005『群馬県の歴史散歩』山川出版社。

群馬県史編さん委員会編、1992『群馬県史　通史編　年表・索引』群馬県。

群馬県編、1940『上毛忠魂録』群馬県。

合田一道、1995『日本人の死に際―幕末維新編―』小学館。

孝本　貢、2001『現代日本における先祖祭祀』御茶の水書房。

國學院大學研究開発推進センター編、2008『慰霊と顕彰の間―近現代日本の戦死者観をめぐって―』錦正社。

國學院大學研究開発推進センター編、2010『霊魂・慰霊・顕彰―死者への記憶装置―』錦正社。

國學院大學研究開発推進センター編、2013『招魂と慰霊の系譜―「靖國」の思想を問う―』錦正社。

國學院大學日本文化研究所編、1994『神道事典』弘文堂。

国際宗教研究編（井上順孝・島薗進監修）、2004『新しい追悼施設は必要か』ぺりかん社。

国立歴史民俗博物館監修（福井勝義・新谷尚紀編）、2002『人類にとって戦いとは5　イデオロギーの文化装置』東洋書林。

国立歴史民俗博物館編、2003『「非文献資料の基礎的研究」報告書　近現代の戦争に関する記念碑』歴博。

小島一男、1993『会津人物事典（武人編）』歴史春秋社。

小嶋博巳、2022『六十六部日本廻国の研究』法藏館。

小林健三・照沼好文、1969『招魂社成立史の研究』錦正社。

埼玉県神道青年会編、2017『埼玉県の忠魂碑』埼玉新聞社。

財団法人会津弔霊義会編、1978『戊辰殉難追悼録』会津弔霊義会。

財団法人群馬地域文化振興会編、2003『新世紀　ぐんま郷土史辞典』群馬県文化事業振興会。

財団法人霊山顕彰会編、1988『維新の道　縮刷版』霊山顕彰会。

坂井久能編著、2006『名誉の戦死―陸軍上等兵黒川梅吉の戦死資料―』岩田書院。

櫻井義秀・川又俊則編、2016『人口減少社会と寺院』法蔵館。

佐々木克、1977『戊辰戦争―敗者の明治維新―』中公新書。

佐藤雅也、2022『近代民衆の生業と祀り―労働・生活・地域祭祀の民俗変容―』有志舎。

佐野賢治・谷口　貢他編、1996『現代民俗学入門』吉川弘文館。

塩入亮乗、2019「日本人と観音菩薩」大法輪閣編集部編『人気の仏様たち　徹底ガイド阿弥陀・薬師・観音・不動』大法輪閣。

後田多敦、2019『救国と真世―琉球・沖縄・海邦の志史―』琉球館。

渋沢青淵記念財団竜門社、1963『渋沢栄一伝記資料　第四九巻』渋沢栄一伝記資料刊行会。

島薗　進、2010『国家神道と日本人』岩波新書。

島薗　進、2021『戦後日本と国家神道―天皇崇拝をめぐる宗教と政治―』岩波書店。

島薗　進他編、2015『シリーズ日本人と宗教3　生と死』春秋社。

下仁田町教育委員会編、『下仁田戦争始末記』下仁田町教育委員会（発行年月日不詳）。

十菱駿武・菊池　実編、2002『しらべる戦争遺跡の事典』柏書房。

正田喜久、2007『明治維新の先導者　高山彦九郎』みやま文庫。

上毛新聞、2021「高崎陸軍墓地の歴史的背景紹介　歴史家・今井さん出版」（四月三日付、時田菜月）。

上毛新聞、2022「悲惨な戦争　二度と　戦没者の研究　今井さん6作目」（一月二三日付、時田菜月）。

上毛新聞タカタイ、2014「戦死者の木像初展示」（七月二五日付）。

白井永二・土岐真訓編、1997『神社辞典』東京堂出版。

白川哲夫、2015『「戦没者慰霊」と近代日本―殉難者と護国神社の成立史―』勉誠出版。

市立函館博物館編、1999『特別展示図録　一九九九特別展「戊辰戦争」』市立函館博物館。

市立函館博物館編、2019『二〇一九　企画展　展示図録　箱館戦争　終結一五〇』市立函館博物館。

新人物往来社編、2000『幕末維新江戸東京史跡事典』新人物往来社。

新谷尚紀、2009『お葬式―死と慰霊の日本史―』吉川弘文館。

新谷尚紀、2013『伊勢神宮と三種の神器―日本古代の祭祀と天皇―』講談社選書メチエ。

新谷尚紀、2015『葬式は誰がするのか―葬儀の変遷史―』吉川弘文館。

新谷尚紀、2021『神社とは何か』講談社現代新書。

菅野　与編、2004『奥州二本松藩年表』歴史春秋社。

鈴木茂乃夫、1986『水戸藩・戊辰の戦跡をゆく』暁印書院。

鈴木茂乃夫、1989『増補版　天狗党の跡を行く』暁印書院。

関谷　隆、2021『海防家　高山彦九郎』（未定稿）。

仙台市歴史民俗資料館編、2008『ガイドブック　仙台の戦争遺跡』仙台市教育委員会。

仙台市歴史民俗資料館編、2008『企画展図録　戦争と庶民のくらし３』仙台市教育委員会。

仙台市歴史民俗資料館編、2014『企画展図録　戦争と庶民のくらし４』仙台市教育委員会。

薗田　稔・橋本征宣編、2004『神道史大事典』吉川弘文館。

高石史人編、1990『「靖国」問題関連年表』永田文昌堂。

高木　侃、2017『写真で読む三くだり半』日本経済評論社。

高木博志、2006『近代天皇制と古都』岩波書店。

高木博志編、2013『近代日本の歴史都市―古都と城下町―』思文閣出版。

高野信治、2022『神になった武士―平将門から西郷隆盛まで―』吉川弘文館。

高橋哲哉、2005『靖国問題』ちくま新書。

高橋文博、1998『吉田松陰』清水書院。

竹内　誠編、2003『徳川幕府事典』東京堂出版。

橘　尚彦、2011「京都忠霊塔と霊山観音―東山・霊山山麓における戦死者祭祀をめぐって―」『京都民俗』二八号、京都民俗学会。

田中　彰、1980『明治維新の敗者と勝者』ＮＨＫブックス。

田中健之、2013『靖国に祀られざる人々』学研。

谷口眞子、2013『赤穂浪士と吉良邸討入り』吉川弘文館。

谷口眞子、2022『葉隠〈武士道〉の史的研究』吉川弘文館。

田間泰子、2006『「近代家族」とボディ・ポリティクス』世界思想社。

堤マサエ、2009『日本農村家族の持続と変動』学文社。

東京学芸大学日本史研究室編、2007『日本史年表（増補4版）』東京堂出版。

時枝　務、2010「招魂碑をめぐる時空―群馬県高崎市頼政神社境内の招魂碑の場合―」『國學院大學研究開発推進センター　研究紀要』四号、國學院大學研究開発推進センター。

時枝　務、2018『山岳霊場の考古学的研究』雄山閣。

戸部良一、1998『日本の近代9　逆説の軍隊』中央公論新社。

戸部良一・波多野澄雄他、2021『決定版　大東亜戦争（上）』新潮新書。

戸部良一・波多野澄雄他、2021『決定版　大東亜戦争（下）』新潮新書。

鳥海　靖、2013『もういちど読む　山川日本近代史』山川出版社。

中島三千男、2013『海外神社跡地の景観変容―さまざまな現在―』御茶の水書房。

中島三千男、2020「『靖国問題』に見る戦争の『記憶』」『歴史学研究　増刊号』青木書店。

中島三千男、2019『天皇の「代替わり儀式」と憲法』日本機関紙出版センター。

永島政彦、2020「新刊紹介　今井昭彦著『近代群馬と戦没者慰霊』」『武尊通信』一六四号、群馬歴史民俗研究会。

永島政彦、2022「『記録』と『日記』にみる昭和期の養蚕農家」『群馬歴史民俗』四三号、群馬歴史民俗研究会。
中山　郁、2022「死者と生者を結びつける人々―パプアニューギニアにおける戦地慰霊と旅行業者―」西村編『シリーズ戦争と社会　5』岩波書店。
楢崎修一郎、2018『骨が語る兵士の最期』筑摩選書。
新潟県の歴史散歩編集委員会編、1995『新版　新潟県の歴史散歩』山川出版社。
新潟県の歴史散歩編集委員会編、2009『新潟県の歴史散歩』山川出版社。
二木謙一監修、2004『藩と城下町の事典』東京堂出版。
西村　明、2006『戦後日本と戦死者慰霊―シズメとフルイのダイナミズム―』有志舎。
西村　明、2018「慰霊」大谷他編著『日本宗教史のキーワード―近代主義を超えて―』慶應義塾大学出版会。
西村　明編、2022『シリーズ戦争と社会　5　変容する記憶と追悼』岩波書店。
西山　茂、2016『近現代日本の法華運動』春秋社。
野口信一、2017『会津戊辰戦死者埋葬の虚と実―戊辰殉難者祭祀の歴史―』歴史春秋社。
野口武彦、2010『鳥羽伏見の戦い』中公新書。
秦　郁彦、2010『靖国神社の祭神たち』新潮選書。
秦　郁彦編、1994『日本陸海軍総合事典』東京大学出版会。

林　英夫編、2000『土佐藩戊辰戦争資料集成』高知市民図書館。

早瀬晋三、2007『戦争の記憶を歩く―東南アジアのいま―』岩波書店。

早瀬晋三、2022『すれ違う歴史認識―戦争で歪められた歴史を糺す試み―』人文書院。

原田敬一、2001『国民軍の神話―兵士になるということ―』吉川弘文館。

原田敬一、2003「陸海軍墓地制度史」新井・一ノ瀬編『国立歴史民俗博物館研究報告―慰霊と墓―』一〇二集、歴博。

原田敬一、2013『兵士はどこへ行った―軍用墓地と国民国家―』有志舎。

原田敬一、2015『「戦争」の終わらせ方』新日本出版社。

原田敬一、2020『日清戦争論―日本近代を考える足場―』森の泉社。

原田　弘、2004『会津小鉄と新選組』歴史春秋社。

原　剛・安岡昭男編、1997『日本陸海軍事典』新人物往来社。

原　武史・吉田　裕編、2005『岩波天皇・皇室辞典』岩波書店。

半藤一利他、2009『歴代陸軍大将全覧　明治篇』中公新書ラクレ。

樋口雄彦、2012『敗者の日本史　箱館戦争と榎本武揚』吉川弘文館。

檜山幸夫編著、2011『帝国日本の展開と台湾』創泉堂出版。

平尾道雄、1967『維新暗殺秘録』白竜社。

平尾道雄、1978『戊辰戦争』新人物往来社。

深谷市史編さん会、1980『深谷市史　追補篇』深谷市役所。

福井県の歴史散歩編集委員会編、2010『福井県の歴史散歩』山川出版社。

福川秀樹編著、2000『日本海軍将官事典』芙蓉書房出版。

福川秀樹編著、2001『日本陸軍将官事典』芙蓉書房出版。

福島県高等学校社会科研究会編、1990『新版　福島県の歴史散歩』山川出版社。

福島県高等学校地理歴史・公民科（社会科研）究会編、2007『福島県の歴史散歩』山川出版社。

福田博美、1997「群馬県における忠霊塔建設と市町村」『群馬文化』二五二号、群馬県地域文化研究協議会。

福田博美、2022「新刊紹介　今井昭彦著『近代日本と高崎陸軍埋葬地』」『群馬文化』三四五号、群馬県地域文化研究協議会。

星　亮一、2003『会津落城』中公新書。

藤井正希、2020『憲法口話』成文堂。

藤崎宏子・池岡義孝編、2017『現代日本の家族社会学を問う―多様化のなかの対話―』ミネルヴァ書房。

藤田大誠、2010「戦死者の霊魂をめぐる慰霊・追悼・顕彰と神仏両式―明治期における招魂祭の展開を中心に―」國學院大學研究開発推進センター編『霊魂・慰霊・顕彰』錦正社。

藤田大誠、2017「靖國神社の祭神合祀に関する一考察―人霊祭祀の展開と『賊軍』合祀問題を軸として―」『國學院大學研究開発推進センター　研究紀要』一一号、國學院大學研究開発推進センター。

藤田大誠編、2019『国家神道と国体論―宗教とナショナリズムの学際的研究―』弘文堂。

藤生一政編著、2022『強戸村の兵事史料』藤生一政。

古田紹欽他監修、1988『佛教大事典』小学館。

保科智治、1997「『箱館戦争関係墓碑』調査について」『市立函館博物館　研究紀要』七号、市立函館博物館。

保科智治、1999「戊辰戦争にみる戦争協力」『特別展示図録　一九九九特別展「戊辰戦争」』市立函館博物館。

北海道新聞、2010「忠霊塔・忠魂碑『守れない』」（八月一四日付、夕刊）。

北海道新聞、2014「民の無念　今刻む」（八月一五日付、本庄彩芳・中川大介）。

北海道新聞、2015「神奈川大・今井昭彦さんに聞く　『靖国』と同時期創建　函館護国神社」（八月一六日付、中川大介）。

北海道新聞、2022「護国神社の成立を検証　今井昭彦著『「北鎮都市」札幌と戦没者慰霊』」（五月八日付、中村康利）。

堀田暁生、2019「下田織之助、最初の埋葬者にして謎の死―兵隊埋葬地はいかにしてできたのか―」小田編著『旧真田山陸軍墓地、墓標との対話』阿吽社。

毎日新聞、2020「ルポ　忠霊塔建設、全国一の群馬県」（八月六日付、夕刊、伊藤智永）。

毎日新聞、2020「地域の『戦争意識』ひもとく」（八月一四日付、伊藤智永）。

毎日新聞「靖国」取材班、2007『靖国戦後秘史―A級戦犯を合祀した男―』毎日新聞社。

前澤和之、2021『上野国交替実録帳と古代社会』同成社。

前澤哲也、2004『日露戦争と群馬県民』喚乎堂。

前澤哲也、2009『帝国陸軍　高崎連隊の近代史　上巻　明治大正編』雄山閣。

前澤哲也、2009『帝国陸軍　高崎連隊の近代史　下巻　昭和編』雄山閣。

前澤哲也、2016『古来征戦幾人カ回ル―いくさに出れば、帰れないのだ―』あさを社。

巻島　隆、2006「幕末維新期の『新田家旧臣』による新田神社創建について」『ぐんま史料研究』二四号、群馬県立文書館。

巻島　隆、2016『桐生新町の時代―近世在郷村の織物と社会―』群馬出版センター。

巻島　隆、2022『上州の飛脚―運輸網、金融、情報―』みやま文庫。

巻島　隆、2022「新刊紹介　今井昭彦著『「北鎮都市」札幌と戦没者慰霊』」『桐生史苑』六一号、桐生文化史談会。

松崎憲三、2004『現代供養論考―ヒト・モノ・動植物の慰霊―』慶友社。

松崎憲三編、1998『近代庶民生活の展開―くにの政策と民俗―』三一書房。

松永昌三・栗田尚弥他編、2021『郷土史大系　領域の歴史と国際関係（下）―近現代―』朝倉書店。

丸山泰明、2010『凍える帝国―八甲田山雪中行軍遭難事件の民俗誌―』青弓社。

三土修平、2005『靖国問題の原点』日本評論社。

水戸史学会編、1993『改訂新版　水戸の道しるべ』展転社。

水戸市史編さん委員会編、1982『水戸市史　中巻　四』水戸市役所。

水戸市史編さん委員会編、1990『水戸市史　中巻　五』水戸市役所。

水戸市史編さん近現代専門部会編、1991『水戸市近現代年表』水戸市。

水戸市史編さん近現代専門部会編、1993『水戸市史　下巻　一』水戸市役所。

水戸市史編さん委員会・概説水戸市史編さん部会編、1999『概説　水戸市史』水戸市役所。

宮崎俊弥、2017『近代まえばし史話』一般社団法人前橋法人会。

宮崎十三八・安岡昭男編、1994『幕末維新人名事典』新人物往来社。

宮地正人、2012a『幕末維新期変革史　上』岩波書店。

宮地正人、2012b『幕末維新期変革史　下』岩波書店。

宮田　登、1970『生き神信仰―人を神に祀る習俗―』塙新書。

宮本袈裟男・谷口　貢編著、2009『日本の民俗信仰』八千代出版。

村上興匡・西村　明編、2013『慰霊の系譜―死者を記憶する共同体―』森話社。

村上重良、1970『国家神道』岩波新書。

村上重良、1974『慰霊と招魂―靖国の思想―』岩波新書。

村上重良、1980『天皇の祭祀』岩波新書。

村上泰賢、2010『小栗上野介―忘れられた悲劇の幕臣―』平凡社新書。

村上泰賢、2022『小栗さま　小栗上野介』東善寺。

村瀬隆彦、2008「志太郡関係日露戦争死没者について『藤枝市史研究』九号、藤枝市。

村瀬隆彦、2009「日露戦争関連死者の木像・常昌院」静岡県戦争遺跡研究会『静岡県戦争遺跡を歩く』静岡新聞社。

村瀬隆彦、2009「静岡陸軍墓地の個人墓」静岡県戦争遺跡研究会『静岡県戦争遺跡を歩く』静岡新聞社。

村瀬隆彦、2020「図書紹介　今井昭彦氏『近代群馬と戦没者慰霊』」『静岡県近代史研究会会報』五〇三号、静岡県近代史研究会。

茂木明子編者、2022『柳田國男のペン―書入れにみる後代へのメッセージ―』慶友社。

本康宏史、2002『軍都の慰霊空間―国民統合と戦死者たち―』吉川弘文館。

本康宏史、2003「金沢陸軍墓地調査報告」新井・一ノ瀬編『国立歴史民俗博物館研究報告―慰霊と墓―』一〇二集、歴博。

本康宏史、2003「慰霊のモニュメントと『銃後』社会」新井・一ノ瀬編『国立歴史民俗博物館研究報告―慰霊と墓―』一〇二集、歴博。

森　謙二、1993『墓と葬送の社会史』講談社現代新書。

森岡清美、1984『家の変貌と先祖の祭』日本基督教団出版局。

森岡清美、1987『近代の集落神社と国家統制』吉川弘文館。

森岡清美、1991『決死の世代と遺書』新地書房。

森岡清美、1993『私の歩んだ道』私家版。

森岡清美、2003「明治維新期における藩祖を祀る神社の創建―旧藩主家の霊屋から神社へ、地域の鎮守へ―」『淑徳大学社会学部研究紀要』三七号、淑徳大学。

森岡清美、2007「明治維新期における藩祖を祀る神社の創建（続）―神社設立事情を手がかりとして―」『淑徳大学社会総合福祉学部研究紀要』四一号、淑徳大学。

森岡清美、2012『ある社会学者の自己形成―幾たびか嵐を越えて―』ミネルヴァ書房。

森岡清美、2012『「無縁」社会に高齢期を生きる』アーユスの森新書。

森岡清美、2016a『真宗大谷派の革新運動―白川党・井上豊忠のライフヒストリー―』吉川弘文館。

森岡清美、2016b『年譜・著作目録　再訂版』私家版。

森岡清美、2018『新版　真宗教団と「家」制度』法藏館。

森岡清美・今井昭彦、1982「国事殉難戦没者、とくに反政府軍戦死者の慰霊実態（調査報告）」『成城文藝』一〇二号、成城大学文芸学部。

森下　徹、2006「個人墓碑から忠霊塔へ」小田・横山他編著『陸軍墓地がかたる日本の戦争』ミネルヴァ書房。

森下　徹、2019「軍隊のいた町・信太山」大西　進・小林義孝（河内の戦争遺跡を語る会）編『地域と軍隊―おおさかの軍事・戦争遺跡―』山本書院グラフィックス出版部。

森谷尅久編、1994『図説　京都府の歴史』河出書房新社。

八木橋伸浩、2022「カミサマになる選択肢」『玉川大学リベラルアーツ学部研究紀要』一五号、玉川大学リベラルアーツ学部。

靖國神社編、2007『故郷の護國神社と靖國神社』展転社。

山折哲雄監修、2004『日本宗教史年表』河出書房新社。

山形県の歴史散歩編集委員会編、2011『山形県の歴史散歩』山川出版社。

山田雄司、2014『怨霊とは何か』中公新書。

山辺昌彦、2003「全国陸海軍墓地一覧」新井・一ノ瀬編『国立歴史民俗博物館研究報告―慰霊と墓―』一〇二集、歴博。

山本四郎、1995『新版　京都府の歴史散歩　上』山川出版社。

山本四郎、1995『新版　京都府の歴史散歩　中』山川出版社。

山本四郎、1995『新版　京都府の歴史散歩　下』山川出版社。

横山篤夫、2001『戦時下の社会』岩田書院。

横山篤夫、2003「旧真田山陸軍墓地変遷史」新井・一ノ瀬編『国立歴史民俗博物館研究報告―慰霊と墓―』一〇二集、歴博。

横山篤夫・西川寿勝編著、2012『兵士たちが見た日露戦争—従軍日記の新資料が語る坂の上の雲—』雄山閣。

横山篤夫・森下　徹、2003「大阪府内の高槻と信太山の陸軍墓地」新井・一ノ瀬編『国立歴史民俗博物館研究報告—慰霊と墓—』一〇二集、歴博。

吉田　裕、2002『日本の軍隊—兵士たちの近代史—』岩波書店。

吉田　裕、2012『現代歴史学と軍事史研究—その新たな可能性—』校倉書房。

吉田　裕編、2021『戦争と軍隊の政治社会史』大月書店。

読売新聞社福島支局編、2000『戊辰戦争は今』歴史春秋社。

渡辺春也、1985『理由なき奥州越戊辰戦争』敬文堂。

渡辺雅子、2007『現代日本新宗教論—入信過程と自己形成の視点から—』御茶の水書房。

渡辺雅子、2011『満州分村移民の昭和史—残留者なしの引揚げ　大分県大鶴開拓団—』彩流社。

渡辺れい、2018『維新の墓標—昔々北越戊辰戦争で—』新潟日報事業社。

人名索引

き

こ

さ

し

す

せ

た

事項索引

か

き

く

け

こ

さ

し

す

せ

そ

た

ち

つ

て

と

な

に

ね

の

は

ひ

ふ

へ

ほ

ま

み

む

め

も

や

よ

ら

り

れ

ろ

わ

著者紹介

今井昭彦（いまい・あきひこ）

1955年　群馬県太田市生まれ
1983年　成城大学文芸学部文芸学科を経て
　　　　同大学大学院文学研究科日本常民文化専攻修士課程修了
　　　　埼玉の県立高等学校社会科教員となり、熊谷女子高等学校などに勤務
2005年　博士（文学）（総合研究大学院大学）
2006年　第14回石川薫記念地域文化賞「研究賞」受賞
　　　　専門は歴史学・社会学・民俗学
　　　　成城大学民俗学研究所研究員、国立歴史民俗博物館（歴博）共同研究員、
　　　　筑波大学・神奈川大学非常勤講師等を歴任
　　　　単著は『近代日本と戦死者祭祀』（東洋書林、2005年）、『反政府軍戦没者の慰霊』（御茶の水書房、2013年）、『対外戦争戦没者の慰霊――敗戦までの展開――』（御茶の水書房、2018年）、『近代群馬と戦没者慰霊』（御茶の水書房、2020年）、『近代日本と高崎陸軍埋葬地』（御茶の水書房、2021年）、『「北鎮都市」札幌と戦没者慰霊――護国神社の成立まで――』（御茶の水書房、2021年）
現　在　歴史家、群馬大学大学教育センター非常勤講師
　　　　群馬県邑楽郡大泉町文化財保護調査委員

幕末維新《ばくまついしん》と国事《こくじ》殉難《じゅんなん》戦没者《せんぼつしゃ》――江戸《えど》・水戸《みと》・上信越《じょうしんえつ》・京都《きょうと》などの事例から――

2023年１月23日　第１版第１刷発行

著　者――今井昭彦
発行者――橋本盛作
発行所――株式会社 御茶の水書房
〒113-0033 東京都文京区本郷5-30-20
電話 03-5684-0751

Printed in Japan　　組版・印刷／製本・港北メディアサービス株式会社

ISBN978-4-275-02168-7 C3021